英宫往事

三个女王的个人生活

华庆昭 著

中国社会科学出版社

图书在版编目（CIP）数据

英宫往事：三个女王的个人生活/华庆昭著．--北京：中国社会科学出版社，2012.6
ISBN 978-7-5161-0898-7

Ⅰ.①英… Ⅱ.①华… Ⅲ.①伊丽莎白一世（1533~1603）—人物研究 ②维多利亚女王（1819~1901）—人物研究 ③伊丽莎白二世—人物研究 Ⅳ.①k835.617

中国版本图书馆CIP数据核字(2012)第098363号

出 版 人	赵剑英
责任编辑	李庆红
责任校对	徐景慧
责任印制	王 超
出版发行	中国社会科学出版社
社　　址	北京鼓楼西大街甲158号（邮编100720）
网　　址	http://www.csspw.com.cn
	中文域名：中国社科网　010-64070619
发 行 部	010-84083685
门 市 部	010-84029450
经　　销	新华书店及其他书店
印　　刷	北京市大兴区新魏印刷厂
装　　订	廊坊市广阳区广增装订厂
版　　次	2012年6月第1版
印　　次	2012年6月第1次印刷
开　　本	710×1000　1/16
印　　张	11.5
字　　数	161千字
定　　价	26.00元

凡购买中国社会科学出版社图书，如有质量问题请与本社联系调换
电话：010-64009791
版权所有　侵权必究

目录 Contents

自序 / 1

引子 / 1

◎ 诺曼征服 / 2

◎ 金雀花王朝和大宪章 / 2

◎ 百年战争和玫瑰战争 / 4

◎ 都铎王朝肇始 / 5

第一部 伊丽莎白一世

第一章 踟躇前行 / 9

◎ 阿拉贡的凯瑟琳 / 9

◎ 母亲安妮从盛到衰 / 10

◎ "公主"降格成了"小姐" / 12

◎ 王族的教育 / 13

◎ 小国舅带来麻烦 / 14

◎ 小国舅带来厄运 / 15

◎ 姐弟情谊 / 18

◎ 朝中巨变 / 19

第二章 姐妹恩怨情结 / 21

◎ 玛丽的困局 / 21

◎ 不可解的死结 / 22

◎ 异母姐妹的写照 / 23

◎ 怎样执行亨利的遗嘱 / 23

◎ 姐姐登基 妹妹努力讨好 / 25

◎ 玛丽打算下手 / 26

- ◎ 怀亚特造反 / 27
- ◎ "血腥玛丽"恶名 / 28
- ◎ 玛丽的无奈 / 29
- ◎ 玛丽最后的日子 / 31
- ◎ 玛丽，玛丽! / 33

第三章 谁来继承新女王 / 34
- ◎ 假如新女王今天死去 / 34
- ◎ 三国纠结 / 36
- ◎ 摁下葫芦起了瓢 / 37
- ◎ 姐夫想娶小姨子不成 / 39
- ◎ 信誓旦旦不嫁外国人 / 40
- ◎ 外国追求者紧追不放 / 40

第四章 莱斯特、阿朗松和埃塞克斯 / 43
- ◎ 莱斯特伯爵 / 43
- ◎ 阿朗松公爵 / 46
- ◎ 埃塞克斯伯爵 / 50

第五章 都铎王朝的尾声 / 53
- ◎ 伊丽莎白老了 / 53
- ◎ 苏玛丽的厄运 / 54
- ◎ 女王走了 新王来了 / 56
- ◎ 伊丽莎白的谜团 / 57

第二部 维多利亚

第一章 跨越两个王朝 / 61
- ◎ 斯图亚特王朝 / 61

◎ 汉诺威王朝 / 63

第二章 天上掉下个馅饼来 / 65

◎ 乔治四世 / 65

◎ 兄弟们 / 66

◎ 肯特公爵和夫人 / 67

第三章 十八年的准备 (1819—1837) / 70

◎ "肯辛顿体制"出笼 / 70

◎ 约翰·康罗伊爵士 / 72

◎ 莱曾女男爵 / 73

◎ 戴维斯主持下的课程 / 74

◎ "肯辛顿"成绩大检阅 / 76

◎ 公爵夫人和国王持续过招 / 77

◎ "肯辛顿体制"的结果 / 79

第四章 阳光明媚的二十四年（上）(1837—1840) / 81

◎ 杜鹃初啼 / 81

◎ "墨尔本太太" / 82

◎ "最最亲爱的阿尔伯特" / 84

◎ 女王大婚 / 86

第五章 阳光明媚的二十四年（下）(1840—1861) / 88

◎ 琴瑟调和 / 88

◎ 上门女婿难做 / 91

◎ 王夫理政 / 92

- ◎ 主持家政 / 95
- ◎ 教育子女 / 97
- ◎ 社会活动 / 98

第六章 天塌下来了（1861）/ 100
- ◎ 母亲走了 / 100
- ◎ 天真的塌了 / 101

第七章 从女王到女皇 / 105
- ◎ "布朗太太" / 105
- ◎ "蒙仕" 阿卜杜·卡里姆 / 107
- ◎ "作家" 维多利亚 / 108
- ◎ 帝国女皇 / 110

第八章 "欧洲姥姥"的谢幕 / 112
- ◎ 钻石禧年庆典 / 112
- ◎ "欧洲的姥姥" / 113
- ◎ 血友病之谜 / 114
- ◎ 幕落 / 115

第三部 伊丽莎白二世

第一章 从汉诺威到温莎 / 121
- ◎ 爱德华和老乔治 / 121
- ◎ 温莎两兄弟 / 123

第二章 王家有女初长成 / 129
- ◎ "丽丽白" / 129
- ◎ 青年菲利普 / 130

◎ 皇家驸马 / 131

第三章 做女王难 / 133
　◎ 王朝名称之争 / 133
　◎ 女王一家究竟姓什么 / 135
　◎ 王夫让人揪心 / 135
　◎ 女王的知音 / 138
　◎ 王妹更不省心 / 138

第四章 做王子公主也不易 / 142
　◎ 安妮公主 / 142
　◎ 安德鲁王子 / 144
　◎ 查尔斯 戴安娜 卡米拉 / 147

第五章 女王怎样过日子 / 154
　◎ 女王的公务活动 / 154
　◎ 女王的钱袋子 / 155
　◎ 女王的宫殿 / 157
　◎ 女王身边的工作人员 / 159
　◎ 女王的宠物 / 160
　◎ 不速之客 / 162
　◎ 女王的手提包 / 162
　◎ 女王的健康 / 163
　◎ 女王信鬼 / 164
　◎ 女王的吃喝 / 164

第六章 温莎王朝的前景 / 166
　◎ 谁来接女王的班 / 166

◎ 高科技时代的君主制 / 168
◎ 温莎王朝的前景 / 169

后 记 / 173

自　序

　　本书所叙述的英宫往事集中在英国三个名气最大的女王上。她们是：纵横捭阖、声威远播的伊丽莎白一世，王气逼人、生逢盛世的维多利亚和力挽狂澜、煞费苦心的当今女王伊丽莎白二世，时间跨度有五百多年。这三位女王具有相当的代表性，她们的故事又很有可读性。为了让对英国没有多少了解的读者获得一个比较完整的概念，作者把近千年的英国王朝史的轮廓通过这些女王连缀了起来，使读者能够少费心再去查阅背景资料。在对女王们的叙述上，着重于她们个人生活这个侧面。

　　英国现在还是作为一个大国活跃在世界舞台上，然而她已经式微了。可是英语还是事实上的世界语言，在中国，有几亿人在学习英语。难道我们不想对这个吸收了德语、法语、拉丁语等多种欧洲语言精华于一身的语言的根——英国——多一点了解吗？

　　2012年6月，英国要举行伊丽莎白二世女王登基60年的钻石禧年庆典。这件事可能会引起人们对于英国王室和王朝更大的兴趣，也会让人希望对这方面的事多知道一点。本书的出版也许正好能多少满足一点他们这方面的需要。

　　需要说明的是，这本书讲的是历史，不是戏说。书中对事情的所有叙述都有出处，在一些地方加入了作者自己的评论。就书的写法和所使用的语言而论，这是一本大众历史。本书面向的是受过普通教育及以上的广大读者群，不论他们原来对英国历史有多少了解。就作者的本意而言，是想通过这样的书来提升读者的求知欲望，希望他们能更加深入地去了解地球村里的这些邻居，从而开启进一步走向世界的大门。

华庆昭
2012年4月

引 子

本书所讲的英宫往事，是指三个英国女王的个人生活往事。她们分别是：都铎王朝的伊丽莎白一世（1558—1603年在位），汉诺威王朝的维多利亚（1837—1901年在位）和当今女王温莎王朝的伊丽莎白二世（1952年起在位）。英国前后有过至少六个正式加冕过的女王，为啥只讲这三个？一是因为她们在位时间长，经事多；二是她们具有鲜明的时代特征：分别处于大英帝国的发轫崛起时期，帝国如日中天的巅峰时期和帝国的没落衰亡时期。

我们讲今天的英国，指的是大不列颠和北爱尔兰联合王国。但是在18世纪初和苏格兰合并前，英国单指后来联合王国的主要部分英格兰，又叫英吉利；联合王国是后来才有的。英国的信史大概始于两千多年以前，从公元前55年凯撒率领古罗马军队入侵，英国开始有了文字记载的历史。古罗马占领英国长达四百来年。此后欧洲大陆西北部的盎格鲁人、撒克逊人、丹麦人、日特兰人和北欧海盗维京人等多次入侵，在英国土地上建立了自己的定居点和小国，一直到距今一千来年前诺曼人入侵，才建立了英国第一个统一的王朝——诺曼王朝。

诺曼征服

1066年，欧洲大陆西南海岸的诺曼底（现在是法国的一部分）大公威廉率大军入侵英格兰，在黑斯汀斯打败英军，杀死了最后一个撒克逊国王哈罗德，从而成为全英国的统治者。这一事件史称"诺曼征服"，威廉本人也被称为"征服者威廉"，是为威廉一世。在这里需要说明的是，诺曼王朝统治的不仅是岛国英格兰，而且在欧洲大陆上也有一大块领土，其中包括现今法国的诺曼底、安茹、阿基坦、布里塔尼等地区，要到五百来年后都铎王朝玛丽女王时期，才失去在欧洲大陆的最后一块领土。

"征服者威廉"

诺曼王朝传到第三代，威廉的儿子亨利一世在位。亨利的儿子因海上失事而死，女儿玛蒂尔达成为王位继承人。亨利一世死后，他的外甥斯蒂芬不服，出兵抢得王位。玛蒂尔达跟斯蒂芬兵戎相见，争执不已，最后达成协议：斯蒂芬继续做国王，死后将王位传给玛蒂尔达的儿子小亨利。1154年斯蒂芬死去，小亨利就当上了国王亨利二世（1154—1189年在位）。玛蒂尔达的丈夫杰弗里是安茹的公爵，爱在帽子上插根金雀花，也管自己叫"金雀花"，他的儿子当上国王后，后人就称该王朝为金雀花王朝。

金雀花王朝和大宪章

虽然有人称亨利二世为英国历史上最优秀的国王，但在老百姓心中，真正的英雄却是他的儿子理查一世（1189—1199年在位）。理查在位只有十年，却有九年在国外打仗，他曾率领十字军东征，大部分的仗是跟法国打的，最后死于战伤，葬在王朝在欧洲大陆的领土上。他又被称为"狮心王理查"，在他上衣的前胸饰有狮子图案。不少中国读者对于理查并不陌生，不过对于他的了解多半并非来自历史，而是来自文学和传说。英国作家瓦尔特·司各脱的小说《艾凡赫》对于狮心王有精彩的描写，让几代的中国读书人都为之心醉。这本书最早的中译者是林琴南，书名叫《撒克逊劫后英雄略》，准确地指明了故事的时代特点。然而读过司各脱的书的人究竟有限，使狮心王的故事更为广泛传播的则是绿林好汉侠盗罗宾汉的民间传说。在伦敦英国议会大厦外院内竖立着两尊雕像，其中一座甲胄在身、骑马挥刀、英姿勃发的便是狮心王理查一世，可见英国人民对他的敬重。其实理查一世的内政很糟，性格暴戾，但是老百姓赞扬他，这可说是英国人的一个特点。十四世纪的著名编年史家福华沙分析说："除非他们这个国王是一个打胜仗的、喜欢武器的和跟毗邻的特别是比他们强大和富裕的国家打仗的，英格兰人是绝对不会去热爱或尊重他的。他们的国家在打仗时要比和平时有更多的钱财和商品。他们以打仗和杀戮为乐。他们对别人的财富垂涎和嫉妒。""英国国王必须遵从他的人民并按照他们的意愿行事。"

狮心王理查传位给他的小弟弟约翰。在民间故事里，约翰是一个反面的人物，就像中国的曹操一样。实际上，不管约翰是好是坏，他可是英国历史上一个重要的国王，因为他的名字是跟著名的《大宪章》连在一起的。

1215年，英格兰的25个男爵向约翰国王发难，要求他让出部分权力，并使他的行动置于法律约束之下。面对武力

奥地利杜斯坦古堡遗迹。英格兰"狮心王"理查一世在十字军东征后回国时被奥军俘获，监禁于此。英方获悉后得以赎回。现在乘坐多瑙河游船经过此地，可以看到。

威逼的约翰被迫接受了男爵们提出的条款,并在文件上签了字。这个文件被叫做《大宪章》,里面包含了61条法律,有过去就存在的,也有新的,总的精神是将国王的部分权力让渡给贵族组成的委员会,后来发展成议会,《大宪章》成为日后英国和美国宪政的基础。宪章本身也经过历代君主多次确认,法律条款的数目也有不同变化。

百年战争和玫瑰战争

金雀花王朝传到15世纪,这时英国和世界都到了巨变前夜。这个世纪初,在中国,明太祖朱元璋的四儿子燕王朱棣起兵造反,夺了他侄儿建文帝的皇位,定都北京,成为永乐大帝明成祖。他登基后,派遣太监郑和,在28年里率庞大船队七下西洋,到达亚洲西部和非洲东岸。就在这个世纪末,欧洲人设法打通去东方航路的努力获得了意想不到的结果,受葡萄牙女王派遣的热那亚人哥伦布寻找印度的船队弄错了方向,无意中"发现"了美洲。从此,欧洲、亚洲、非洲和南、北美洲开始了漫长的连成一气的过程。对于紧傍欧洲大陆西岸的岛国英格兰——后来19世纪的海洋霸主——来说,这仍然是一个充满战争弄得民穷财尽的世纪,先是跟法国的百年战争打个没完,接着又是30年的内战。这场史称玫瑰战争的内战,是君临英格兰的金雀花王朝的两大支系,以红玫瑰为族徽纹章的兰卡斯特家族和以白玫瑰为族徽纹章的约克家族,为了争夺王位而睨于萧墙,拼得个你死我活。外战和内战把争夺王位双方的男性继承人几乎全部打光,于是在1485年,跟兰卡斯特家沾边的亨利·都铎黑马当先,从老家威尔士起兵打进英格兰,在战场上杀死了约克家族的理查三世,自己当上了国王。聪明的亨利接着又娶了约克家的公主为妻,内战停止,英格兰恢复了统一。欧洲君主讲究一国之内前后各朝各代大排行,于是亨利·都铎就成了亨利七世(1485—1509年在位），从此开辟了在英国历史上赫赫有名的都铎王朝新纪元。

都铎王朝肇始

面对诸业凋零、百废待举的局面，亨利七世在经济上采取休养生息、发展生产的政策，在政治上走团结和谐、不搞冤冤相报的道路，对外停止征战。他让都铎王朝的纹章上兼有红玫瑰和白玫瑰。亨利·都铎在位24年后去世，王位传给了他的儿子亨利八世。

伊丽莎白一世女王的父亲亨利八世

亨利八世可说是英国历史上最有代表性的国王，到今天，在英国还到处可以看到这位魁梧壮实、满脸胡子的国王画像。亨利既是一代雄主，又是个专制暴君。他为英国做的最有代表性的有两件大事：一是跟罗马教廷脱离关系，建立了英国国教，自任教首；二是初建英国海军，为后来跟西班牙、葡萄牙争夺海洋霸权垫下了基础。他的个人生活也反映了他果断而残忍的性格。他先后娶过六个妻子，其中两个离婚，两个被他斩首，一个因病死去，最后一个成为未亡人。在被他斩首的两人中，有一个便是本书第一个主角伊丽莎白一世的亲生母亲安妮·波林。

第一部

伊丽莎白一世

伊丽莎白回答说:「我是跟这个王国结了婚的。」她指着自己的加冕戒指说:「我总带着这个作为信物。」「不管事态如何发展,我活着就是英格兰女王,等我死了,就让最有权利的人来接班。」

THREE FEMALE MONARCHS

第一章 趔趄前行

阿拉贡的凯瑟琳

伊丽莎白一世的父亲亨利八世的第一个妻子，是他原来的嫂子、来自西班牙阿拉贡的卡塔琳娜（英国叫法为凯瑟琳）公主。亨利的哥哥亚瑟，是亨利七世的王储，15岁时和凯瑟琳结婚，但是天不假年，转过年来（1502年）就病死了，由二弟亨利递补为王储。1509年，亨利七世去世，二儿子亨利八世即位，他只有18岁，身材魁梧、一头红发，登基后把嫂子凯瑟琳娶过来做了王后。凯瑟琳为亨利生了一个女儿玛丽；她此外还怀过五胎，其中三个是男的，但都没有存活或长大。眼看她育龄将过，还未能有一个儿子，对此有的史家评说亨利肯定认为这是上帝的旨意：旧约圣经《利未记》不是说吗，"人若娶弟兄之妻，这本是污秽之事，羞辱了他的弟兄，二人必无子女"。那时英国虽然没有法律禁止女人做国王，但实际上还是不愿意由女王执政。这首先是因为女王终归是要结婚的，婚后她的丈夫会牵涉进来，引起种种纠纷，如果丈夫是外国人，弄不好还会造成丧权辱国。因此，亨利为了有一个男性继承人，决意抛弃凯瑟琳另娶。

亨利有个情妇，名叫玛丽·波林。玛丽的妹妹安妮，曾在法国宫

英宫往事——三个女王的个人生活

玛丽一世女王的母亲、阿拉贡的凯瑟琳王后，亨利八世的第一个妻子

廷里历练三年，出落得不从俗套、美貌非凡，此时正在凯瑟琳王后身边做侍从。安妮被亨利相中，他一心想弃了凯瑟琳之后跟她结婚，期望她能给他生个男性继承人。然而那时英国人信奉的是罗马教皇控制的天主教，当初亨利娶嫂子凯瑟琳的时候，是得到教皇恩准的，现在他想要宣布自己这个婚姻由于是叔嫂婚，从根本上就无效，更得要经过教皇批准才行。亨利指派他的得力大臣大主教沃尔西去办理教皇批准的手续，拖拉了几年也没有办成，其中一个重要原因是神圣罗马帝国皇帝兼西班牙国王查理五世挡道。查理是凯瑟琳的侄子，对她倍加爱护，他是意大利实际上的控制者，身处意大利罗马市中心梵蒂冈的教皇生怕得罪了他。

母亲安妮从盛到衰

1533年1月，已经成为亨利情妇的安妮·波林怀孕了。为了使怀着的这个婴儿成为合法子女，亨利必须及时和安妮结婚。都铎时代的英国正处于民族觉醒的时期，经历着一个彻底割断大陆的羁绊、形成自身独立的民族性的过程。亨利八世即位之初，曾经一度沉溺于游猎、享乐，把朝政交给大臣特别是大主教沃尔西去管理，而这时他已经成长为一个有胆有识、雄才大略的君主，国家要由他自己亲手来掌舵了。雄心勃勃的亨利，借着教皇不许他抛弃凯瑟琳后再婚为由头，一举断绝了和罗马教廷的联系，建立英国国教，自任教首，并和安妮·波林结婚。英国民众一方面由于对天主教会教士欺压百姓、横征暴敛极为不满而为亨利公然挑战教皇叫好，另一方面对于他抛妻另娶的行为感到不屑，从而同情凯瑟琳和她的女儿玛丽，迁怒安妮，使安妮很不得人心。然而民族的利益高于个人的好恶，英国民众终于成为亨利对付罗马教廷的强硬后盾。

当年9月7日，安妮王后在伦敦格林尼治宫生了一个婴儿。跟孩子父母的愿望及占星术士和医生的预言相反，这是一个女婴。然而亨利八世还是为这个女儿的到来进行兴高彩烈的庆祝，并以婴儿祖母伊丽莎白王后的名字为她命名。为了免遭伦敦正在流行的瘟疫的传染，专门在伦敦西北的哈特菲尔德安排了房子，在孩子三个月的时候，把她迁去那里居住。不久，前王后凯瑟琳病逝，大女儿玛丽也搬来跟她异母妹妹同住，不过伊丽莎白是公主，玛丽原来有人所谓的"威尔士公主"（即王储）的桂冠现在戴到了她的头上，玛丽则被贬为"私生女"。

伊丽莎白一世女王的母亲安妮·波林王后，亨利八世的另一个妻子

不幸的是，安妮王后也没有生出儿子来。她除生了一个女儿伊丽莎白以外，曾经两次流产，其中也有过男胎，此后再无生育。亨利见自身年岁日长，而男继承人杳无音信，于是又想换老婆。安妮家庭没有什么背景，而且由于她的得宠是以得罪多人为代价的，她本人和她弟弟乔治又不懂得放下身段、结好人缘，一旦失宠，便落得个墙倒众人推的下场。其实亨利早就警告过她：有一次她见到亨利跟某个女人调情，便向他提出抗议，亨利对她说，她最好闭眼不看，要知道我能让你上来，就能让你下去，甚至下得更加厉害。等到亨利动手再换老婆，这一回就不像前次那样顾忌凯瑟琳有侄子做后台了。他干脆来个硬的，指责安妮不贞，跟五个人通奸，其中包括她的弟弟；而背叛国王是犯叛国罪的。在亨利的影响下，议会定了安妮的叛国罪，跟这五人先后被斩首处决。

安妮·波林是否真的不贞，这成为一个历史悬案。多数史家认为，亨利八世捏造了安妮·波林的罪名，此案有重大冤情。还有人说，就算安妮真有奸情，也是因为她想给英国带来一个男性王储而病急乱投医。此案被抓的五个人都是贵族，当安妮听说自己被控跟他们通奸时，她嗤之以鼻。她的弟弟乔治跟妻子简关系不好，简作证说安妮跟弟弟乔治乱伦，她后来在临死前又说自己讲了假话。乱伦的唯一"证据"是有人看见姐弟二人曾经单独在安妮的房间里跳过舞。

"公主"降格成了"小姐"

1536年5月19日，安妮·波林被杀。5月20日，亨利八世就和安妮的侍从简·西摩结婚。7月议会开会，伊丽莎白被贬为"私生女"，褫夺了"公主"的称号。我们的主角那时只有两岁多，让她印象最深和费解的是，头一天还称呼她"公主"，第二天就也跟异母姐姐玛丽一样，衔头成为"小姐"了。

生母死后，伊丽莎白有过一段缺少衣物时候，但是总的说来，亨利对她还是照顾的，在生活上没有受到太大的影响。1537年，简·西摩给亨利生了一个儿子爱德华，英国王位总算有了男性继承人，而简本人却因生产而去世。亨利在得了儿子以后，也对两个被贬的女儿发了恻隐之心，加上枢密院向亨利提出建议，说是如果这两位小姐没有身份，恐怕嫁不着有头有脸的人家，于是在1544年，亨利正好要出征法国，怕身后只有爱德华一个继承人太孤单，就由议会通过法案，恢复了女儿们的王位继承人资格，继承的顺序是爱德华、玛丽、伊丽莎白。不过公主的衔头还是不给她们。这时伊丽莎白又重新有了做女王的可能性，但是距离真正做上还遥远得很。

1543年，亨利八世娶了第六个妻子凯瑟琳·帕尔。1547年亨利去世后，遵照他生前的嘱咐，伊丽莎白跟帕尔住到一起，由后者去照管。帕尔为人善良，喜欢学习，给了正处在成长时期的伊丽莎白很好的影响。优良充裕的物质条件、循循善诱的家教和师教,加上本人天资聪颖和刻苦努力,给青少年时期的伊丽莎白打下了扎实的文化教育基础。

王族的教育

伊丽莎白的时代正好是文艺复兴从欧洲大陆向英伦三岛传播并产生影响的时代。她的曾祖母,也就是亨利七世的母亲,是一位在英国提倡女性受教育的先驱。老太太本人会一点拉丁语,法语非常熟练,她还对大学进行资助。那时一个受过良好教育的女性的标准是:通晓希腊语和拉丁语,有一些哲学、天文、物理、算术、逻辑、修辞和音乐方面的知识。另外,自西班牙嫁过来的凯瑟琳从娘家带来了那边的教育风气和从外国引进老师的习惯做法。为了教育自己的女儿玛丽,凯瑟琳从西班牙请了著名学者胡安·路易·维符斯来英国编写《青年妇女学习大纲》。在她周围的是受托马斯·莫尔影响的亲天主教牛津学者,他们不但向玛丽教授学问,而且也进一步影响了她的宗教取向。玛丽的学习天分不高,但她也能熟练地使用拉丁语、法语和西班牙语,还会一点意大利语。

对伊丽莎白产生影响的则是一帮亲新教的剑桥学者。她受到了正式的一对一教育,先后师从剑桥学者威廉·格林德尔和他的老师罗杰·阿夏姆,集中学习历史、语言、修辞、道德哲学等。拿语言来说,除了英语之外她主要学拉丁语和希腊语,使用双

13岁时的伊丽莎白

向翻译的方法学习。也就是先把其他语言译成英语，再从英语译回来，来回练习，这样不但学了语法和词汇，而且有利于理解原作者的风格和思路。严格的语言训练使她日后能用拉丁语演说，并在和外国使节交谈时不用通过翻译。她还学了意大利语、法语和都铎家族老家的威尔士语，这几种语言她讲得流利有余而语法不大讲究。后来她还学了西班牙语。在学问素养之外，伊丽莎白还多才多艺：她擅长舞蹈、骑马、射箭、书法、弹古拨弦琴和古钢琴；还会做针线活，不过不很高明。

小国舅带来麻烦

伊丽莎白能够在继母凯瑟琳·帕尔的照护之下，这是她的运气；但是后来这也几乎给她带来了灾难。亨利八世在1547年1月去世时，爱德华不足十岁，他即位都铎王朝的第三代国王，成为爱德华六世。亨利预见到他死后幼主将会大权旁落，因此他不指定由某个个人摄政，而让一批大臣集体负责，来辅佐爱德华。然而那个时代不通行集体负责，而习惯让一个人说了算，亨利死后辅佐的责任和权力最终还是落到了小国王的大舅爱德华·西摩身上。西摩被封为第一代萨默塞特公爵，官拜护国公。这时一个不安分的人就蠢蠢欲动了。这人便是小国王早逝的母亲简·西摩和护国公爱德华·西摩的弟弟托马斯。

小国舅托马斯·西摩是个爵士，风度翩翩，一表人才，年到38岁还未结婚，可算是个钻石王老五；但是他居心不良，生性贪婪，爱耍手腕，野心太大。他早就想在玛丽和伊丽莎白两姐妹中攀附上一个做老婆，然而因遭到枢密院特别是大国舅的反对而未成，于是便把脑筋转到王太后凯瑟琳·帕尔的身上，打算娶她为妻。帕尔很快上钩，有一个说法是他俩本是老情人，当年在亨利求婚之前，帕尔本来是要嫁给托马斯的。于是在亨利死后才几个月，他俩就秘密结婚了。托马斯搬进了帕尔的住宅，从此有了跟伊丽莎白接近的机会。

逐渐地，托马斯养成了一种习惯，就是每天早上起床后先到伊丽莎白的房间里转一圈，亲亲她，逗弄她，甚至要将身子压在她身上。他手中还有伊丽莎白房门的钥匙，弄得她一听钥匙转动的声音就跳起来躲到窗帘后面。起初是他自己逗弄，后来帕尔也来参加，有一次在花园里，帕尔抱住伊丽莎白，托马斯用剑将姑娘的裙子挑成碎片。伊丽莎白这时已经

小国舅托马斯·西摩

14岁，起先她还不在意，后来她也感觉不对头，同时少女青春期的影响，也让她产生了与异性肢体接触的新奇感觉。日子一长，帕尔也渐渐有了妒意，直到有一天，王太后进小姐的房间时发现托马斯将她抱在怀里，这就成了压死骆驼的最后一根稻草。第二天，帕尔就让伊丽莎白搬出去另住。搬出去之后，伊丽莎白的心倒静了下来，专心致志地去念书和学习才艺。然而让人想不到的是，凯瑟琳·帕尔在1548年因产褥热去世，托马斯恢复了自由的单身，从此他对伊丽莎白步步紧逼起来。

小国舅带来厄运

蓄谋已久的托马斯不仅仅是想娶一个王位继承人做老婆，他还有着更为深远的盘算。他的目的，是把统治英格兰的大权掌握在自己手里。为了达此目的，具体的做法有四：一是钻营职位，获取权力，结党营私，以便实现自己的计划。他给自己搞到了海军大臣的职务。二是用甥舅关系拉拢小国王。他挑拨小国王和大舅护国公的关系，他说他大舅太抠门太严厉，让他成了个要饭的国王，连找点乐子和给仆人的钱都没有。托马斯引诱小国王向自己求援，他跟国王身边的人保持秘密联系，源源不断地送零钱给国王花，有时一次

达到40英镑。三是拉拢贵族们。他企图把王亲萨福克家族的小姐简·格雷嫁给小国王爱德华，既进一步控制了国王，也取悦了贵族们。同时，简本人也在都铎王朝谱系之内，一旦有了机会，也可能继承大位。四是争取和伊丽莎白结婚，以便有朝一日做上王夫，成其大事。前两项托马斯有了一定进展。他还想把国王控制在自己手里。有一次他在圣詹姆斯宫踌躇满志地说："现在甚至可以把国王偷走了。"第三项他也颇有成效，他答应简·格雷的父亲，一定让他的女儿当上王后，这样就得到了格雷家的欢心，将简送到托马斯家里去住。但是这桩让简嫁给小国王的婚事由于遭到大国舅护国公的反对而未成，简·格雷后来嫁给了别人，还出了大事，这是后话。

　　托马斯的重头戏，是在第四项伊丽莎白身上。他在伊丽莎白身边结交了三个同谋：贴身女管家阿什利夫人和她的管家丈夫，还有司库帕里。原先住在王太后凯瑟琳那里的时候，阿什利夫人对托马斯进入伊丽莎白的卧室去挑逗她很不以为然，曾经加以阻止，托马斯不听她的劝告，阿什利夫人就去报告凯瑟琳，凯瑟琳说以后她本人陪他一起去。但等到凯瑟琳去世，托马斯又成了单身，阿什利夫人就开始撮合起来。她对伊丽莎白说，老国王死的时候，这个老丈夫就是她的，现在他又单身了，她想要就可以要。伊丽莎白回答说不。女管家又说，如果护国公和枢密院同意，你就别反对。有一次伊丽莎白问阿什利夫人伦敦有什么新闻，女管家回答说："有人传说你要跟托马斯结婚了。"伊丽莎白笑笑说："这不过是一段伦敦的新闻而已。"到了1548年年底，在私下里伊丽莎白的态度比较明显了，她听人说到托马斯的名字时就会脸红，她身边人也都成了托马斯的说客。管家阿什利先生让他老婆说话婉转点，但是阿什利夫人还忍不住要跟别人去说这件事，其中包括给伊丽莎白管财产的司库帕里。托马斯在那年圣诞节前找司库帕里作了一番长谈，商量关于亨利八世留给伊丽莎白的遗产问题。亨利八世的遗嘱规定，伊丽莎白和玛丽的年金为每人3000英镑。这是个什么概念呢？据说有的农村壮劳力的年收入只有1镑多。亨利还规定，两个女儿结婚时各给

1万英镑,可是如果谁结婚未经枢密大臣们同意,就取消谁的王位继承权。亨利答应给女儿们每人3000英镑年金,后来搞成了并不是现款,而是每年能够有这个数目收入的土地,而这土地到那时还没有指定地块,没有办理手续。托马斯听到风声,说是如果他在年金手续办妥前就跟伊丽莎白结婚,枢密院可能会取消这笔赠与。托马斯催促帕里抓紧办手续,而且要把地块定在英格兰西部,靠近他本人产业的地方。帕里回过头来去探伊丽莎白的口风,问她如果枢密院同意,她是否会嫁给托马斯,结果他发现她"以不答作为回答"。托马斯听说后,认为这是个有利于己的迹象。

托马斯的种种策划,可以说是在实施政变,但这倒还算不得是阴谋,因为他肆无忌惮,已经弄得路人皆知,他甚至直接去跟掌玺大臣辩论,如果有人跟伊丽莎白结婚,是否可以拿到她的全部收入。人们对他的活动议论纷纷,枢密院不得不采取措施,让他在指定的时间去跟护国公谈话,也就是有点像我们现在的"双规"的意思。然而他置之不理,于是便把他抓了起来,关进了伦敦塔监狱。

托马斯跟伊丽莎白的关系,是审查的重点之一。伊丽莎白的身边人阿什利夫妇和帕里也被抓起来审查。阿什利夫人说托马斯确实让她动员伊丽莎白跟他结婚,但伊丽莎白从未答应过。帕里说托马斯确跟他谈过伊丽莎白接受父亲遗产的事,但是伊丽莎白本人并不知情。审问者的结论是这些人结了死盟,至死不说实话。审问者去问伊丽莎白,她哭着不正面回答,什么也问不出来。审问者认为,"从她脸上就可以看出她是有罪的",但是对她无可奈何。伊丽莎白不但让审问者拿不到把柄,而且直接给护国公写信,说她的一贯态度是,当人家问她婚姻的事情时,总是说没有枢密院的同意她不会结婚。她进而说有谣言讲她已经被关进了伦敦塔,而且还怀着托马斯的孩子,这是对她名誉和诚实性的诋毁,她要求亲自出庭露面,还要求护国公发表声明辟谣。她还不避嫌疑,一再说阿什利夫妇和司库帕里都是好人,要他们回来。结果护国公没有发布声明,而三人都被放了回来。1549年3月，托马斯·西摩本人被定了叛国罪，斩首处决。

出事这一年伊丽莎白15岁。一段似是而非的罗曼史结束了。更为重要的是，这位后来叱咤风云威震遐迩的女王，小小年纪就经历了她第一场政治风雨的洗礼。考试及格了，人也病了一场。然而她就中体味到的男女感情的脆弱性和国家政治的残酷性，以及她在应对这场风波时表现出来的机智和勇敢，不能不对她日后的思想和行动产生深远的影响。

姐弟情谊

伊丽莎白跟弟弟爱德华年龄相差四岁。爱德华出生以后，伊丽莎白一直设法跟他保持一个良好的关系。爱德华懂事之后，也跟着父亲亨利八世信了英国国教，跟伊丽莎白信仰一致，而与信天主教的玛丽相左。伊丽莎白为了取悦弟弟，虽然自己手工不佳，也曾经亲手给他缝制了一件衬衣。姐弟俩也常有互赠小礼物和贺卡的来往。托马斯·西摩事件发生的时候，爱德华已经当了国王，他对伊丽莎白在此事件中的参与很不满意，曾经为此差不多有两年不许她进宫。伊丽莎白为了恢复弟弟对自己的信任，表现得很低调，她不戴珠宝首饰，头发不结辫子，而且勤着向护国公报告自己的情况，表示没有他的谅解就不做任何重要的事情。一次威尼斯的大使到哈特菲尔德去问候伊丽莎白并在那里打猎，她在第二天写信给护国公报告说，

爱德华六世。玛丽一世女王和伊丽莎白一世女王的异母弟弟、亨利八世唯一的儿子，少年早逝。

跟大使的谈话并不重要，但是任何看来重要的事必须让护国公知道。不久后，国王要伊丽莎白送她的肖像画给他。伊丽莎白让一个画家画了，并送给了国王。她还附信说："让你看我的面孔，我不好意思，但是把我的心给你，我绝不会不好意思。"又说："希望我本人而不是我的画像能够来到你的身旁。"爱德华看了很高兴。

在托马斯·西摩被处决半年多以后，护国公爱德华·西摩在1549年10月失势，伊丽莎白能够再次进入弟弟的宫里，也参加了当年的圣诞庆祝活动，这种状态延续到爱德华六世在1553年去世。她一直住在哈特菲尔德，在伦敦没有住处，有时被邀请去伦敦圣詹姆斯宫住，做国王的客人。这时玛丽因为笃信天主教而不吃香，而伊丽莎白的新教信仰和低调做人使她重获信任。

朝中巨变

此时朝中的政治地图已经改写。取代大国舅爱德华·西摩掌权的是沃里克伯爵约翰·达德利，他很快就把大国舅定了叛国罪斩决。达德利的野心比大国舅更大，他要把英格兰的王朝转一个方向，变成他的统治工具。原先亨利八世在临终前，把自己身后的事情安排得很细致：除了确定三个亲生及子女的继承顺序外，为了预防直系亲生子女都没有后裔，还做了由旁系接班的安排。亨利八世有一姐一妹。姐姐玛格丽特嫁给苏格兰国王詹姆斯四世；妹妹玛丽先嫁给法国国王路易十二，丈夫死后又嫁入萨福克公爵布兰登家。亨利八世确定，在他本人的直系子女无后的情况下，由英格兰的萨福克家族接班。至于在苏格兰的姐姐的后代则不在继承范围之内。议会支持亨利的决定。英格兰还有一个老的规定，就是境外出生的人不能当英格兰国君，这使苏格兰出生的人更加无望。

约翰·达德利上台之后，被封为诺桑伯兰公爵，得到了除护国公之外原来大国舅的全部职衔。在他的作用下，小国王爱德华签署了

英宫往事 ——三个女王的个人生活

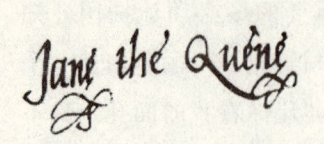

简·格雷作为女王的签字

一份由26个贵族作证的文件，取消了两个姐姐玛丽和伊丽莎白的继承权，改由萨福克家族的简·格雷（亨利八世妹妹玛丽的曾外孙女）来做女王。爱德华这样做，很可能是出于怕玛丽接班后会破坏宗教改革的成果，让英国重新回到天主教掌权的状态的担心。但是他又难以单独取消玛丽一人的继承权，所以把伊丽莎白也连带上了。这时简·格雷已经结婚，她的丈夫就是诺桑伯兰公爵的儿子基尔福·达德利。爱德华六世在1553年7月6日去世，简·格雷于四天之后在伦敦宣布即女王位。首当其冲被剥夺了接班资格的玛丽自然不肯罢休，起兵反对，老百姓也不依不饶。达德利一家四面楚歌，两个星期之后，达德利政变失败，在剑桥束手被擒，简·格雷也被关进了伦敦塔，玛丽当上了女王。在这段时间里，伊丽莎白待在哈特菲尔德家中不动声色，静观其变。她幸好在国王弟弟爱德华死的时候没有去伦敦，否则也难逃被萨福克家族关进伦敦塔的命运。

玛丽即位后，英格兰的王位继承回归到亨利八世规定的序列，在国家高层政治上却发生了很大的变化，而等待着伊丽莎白的则是更大的考验。

第二章　姐妹恩怨情结

〜〜〜 玛丽的困局 〜〜〜

玛丽登上了王位，叛乱的主谋以及那个被人牵线做了九天女王的简·格雷都被抓了，局势稳定了下来。简·格雷最初并未被处死，半年之后地方上又发生打她旗号、要把她捧上王位的造反行动，于是就在转年2月被斩首处死。在英格兰和后来联合王国的历史上，人们往往说有过六个半女王，这半个指的就是简·格雷。这时国内政治的矛盾转换了。玛丽当上了女王。她面临的主要问题已经不是取得本该属于她的王位，而是如何巩固它。

玛丽的继承是合法的，但人心并不都归向于她，根本的原因在于宗教。从玛丽的父亲亨利八世开始的宗教改革已经进行了二十来年了，作为基督教新教一部分的英国国教这时已经成为主

玛丽一世女王，伊丽莎白一世女王的异母姐姐

流宗教。外国对宗教的控制已经消除，年轻的一代已经不大知道教皇是谁了。然而玛丽仍然笃信她的罗马天主教。就是在亨利和爱德华在位的时代，玛丽也从未真正服膺过新教，而往往以沉默代替反抗，只是不搞正面冲突而已。等到她一登基，马上就着手恢复天主教为主流宗教的地位，同时重新接纳教廷使节，接受教皇的领导。在玛丽的坚持下，议会通过了相应的决议，并且勉强向教廷使节表示对教皇的臣服。玛丽这样做，不但跟大多数人的思想信仰相悖，而且直接侵犯到许多人的经济利益。原来在宗教改革的过程中，天主教堂和修道院的大批房屋土地被国王没收后分赐给别人，20年来已经不止一次地倒手，形成了一部分人既得利益的产业链。玛丽违背大多数人的意愿行事，必然会带来严重的后果。地方反叛的事件不断发生也就不足为怪了。

不可解的死结

在玛丽和伊丽莎白两人心中，一个笃信天主教，一个笃信英国国教，如果是两个普通人，那就各信各的，未必会有什么冲突。可是这两人一个是一国之主，另一个是前者的继承人，在当时的历史条件下，教政难分，她们各自的信仰会直接影响到国家的政治和人民的宗教取向，这就不可避免地要使两人产生严重的矛盾。问题还不止于此。玛丽有一半外国血统，而伊丽莎白则以"纯英国种"为傲。玛丽赞成由外国（教皇）控制英国人的灵魂，而伊丽莎白反对外国宗教干涉。玛丽坚决要嫁给西班牙的王子腓力，让后者成为进行共治的王夫，甚至不顾平民院的诉愿；伊丽莎白则没有表示要嫁给外国人。在那个英国民族情绪日益高涨、英国民族性日益彰显的时代，在宗教、民族等多种因素共同作用下，多数英国人，不论是贵族、乡绅、商人还是平头老百姓，在两姐妹中倾向谁，就不言自明了。于是，各种针对玛丽的反叛活动，不管伊丽莎白事先是否知情，往往都会打出她的旗号。这样一来，就成了火上加油，使伊丽莎白和玛丽的矛盾更加成为不可解的死结。玛丽女王在位一共五年，伊丽莎白如何能活过这段时间，不但要看伊丽莎白的本事，也要看上帝是否肯冥冥相助了。

异母姐妹的写照

后来有人曾经对玛丽登基时两个异母姐妹的模样有过一番描述：她俩"有着惊人的反差。玛丽38岁，矮个，很瘦，圆脸，红发，大而亮的眼睛，宽而塌的鼻子。她曾经漂亮过，但是忧虑损毁了她的面容，让她过早地显得严肃。苦难也可能造成了她的病躯和夺走了她的青春。伊丽莎白只有20岁，风华正茂。有人认为她非常漂亮，另一些人认为说秀气要更好些。中等个，好身材，使得雍容的仪态更显高贵。金色透红的头发，细腻的棕色皮肤，犀利的眼睛，最突出的是她知道如何展示的那双手"。"一个旧世界，一个新世界，这就是亨利八世的两个女儿。"那时还有一个来访的大使说，伊丽莎白的"身材和面容非常漂亮，行动举止洋溢着尊贵的帝王气质，谁也不会怀疑她是女王"，而玛丽"若不是她年华逝去，也许可能说得上漂亮"。显然，伊丽莎白在风头上就压倒了玛丽。

怎样执行亨利的遗嘱

在进一步叙述两姐妹矛盾的发展之前，有必要先来看看亨利对于自己身后两个女儿的生活是如何安排的。因为只有这样做了，我们才能理解当弟弟爱德华六世去世时，他两位姐姐所处的经济地位和所能动用的资源。

对于两个女儿的生活来源，亨利八世遗嘱中的有关部分写道：

"自朕去世之刻起，直至上述枢密官能向其中之一位或两位安排体面的婚姻时止，彼等将每人纯获3000镑，以资生活，着该等枢密官任命干员执行之，以符朕意及对彼等之尊崇。"

1547年，亨利去世，爱德华即位，玛丽时年31岁，她拿到了每年收益3800镑的田产及房屋。1550年，爱德华还在位，伊丽莎白21岁，拿到了年收益3108镑的田产和房屋。亨利的遗嘱只说给两姐妹每人3000镑，没说给田产和房屋，而两人实际拿到的数目又彼此相差很多，这是怎么一回事？在很长的时间里，对于这些问题，史家都是一带而过，语焉不详。英国历史界近年来的研究中有了比较明确的说法。

原来在亨利去世的时候，爱德华只有9岁，伊丽莎白不足14岁，而玛丽已经是年过三十、受过良好教育、懂得世情和在朝中自有人脉的第二顺序接班人。这时的政治强人是大国舅爱德华·西摩，他一心想改变亨利关于不设摄政王、由枢密官们集体辅佐小国王爱德华六世的决定，从而使自己得以成为事实上的摄政王，这样就必须使玛丽和枢密院的其他大臣都支持他才行。于是，在西摩的推动下，改变亨利遗嘱的一系列做法就开始了。亨利的遗嘱没有提出要赏赐给臣下以任何田地财物。西摩为了拉拢同事们，也为了染指亨利的遗产，首先需要封住玛丽的口。这样，他们就背离亨利的遗嘱，先让玛丽获得了田地房产，后来大臣们和西摩也都获得了田地房产，西摩本人还成了大权独揽的护国公。

从古代到这时为止，英格兰的公主们从来都没有过自己的田地房产，她们的生活花销都是由国王直接给的；只是从都铎王朝的玛丽开始，才有这种安排。这样的安排非同小可。因为有了田地房产，就有了伴随着这些田地房产的官员、农民、使役、兵丁等等。在中世纪的欧洲，特别是在都铎时代的英格兰，国王的统治主要到达贵族和乡绅这一级，再往下实际上就是由贵族和乡绅来统治。因此有田地房产的贵族就等于他们所在地区的地方官，甚至是军政长官，那里的人民就效忠于他们。年产出3800镑的田地房产规模很大，玛丽在她的封地东盎格利亚呼风唤雨，陈霸一方。正是有了这样的根据地和实力，才让她有能力跟争抢王位的简·格雷对垒，并最后取胜。对于伊丽莎白来说，从玛丽开的这个头也使她援例而得了益，只是因为大臣们不需要讨她的好，所以也就给了她接近收益3000镑的产业完事。

1550年，对亨利八世的遗产进行了分割，伊丽莎白得到了位于牛津、白金汉、林肯等郡的多处房地产。这使她的经济状况发生了巨大变化：她的宅邸里用了120个人，她去伦敦见小国王时，随带的马队就有200人。

姐姐登基 妹妹努力讨好

现在我们要继续来讲1553年玛丽登上王位后，两姐妹之间发生的事情了。诺桑伯兰公爵和简·格雷一败，玛丽的王位一经确立，伊丽莎白马上就从所在地哈特菲尔德给玛丽写信，问她当自己去祝贺她登基时，穿悼念爱德华的丧服是否不合适。接着，在7月29日，伊丽莎白就带了一支自己的军队前往伦敦，等待玛丽到来。两天之后，她带了1000匹马和100名穿天鹅绒制服的士兵出城去迎接玛丽。在8月3日举行入城式的时候，伊丽莎白以接班人的身份紧跟在玛丽身旁。

玛丽赐给伊丽莎白一枚贵重的胸针，以示庆祝。还给了她一件布满饰品的猩红色的大袍在威斯敏斯特大教堂举行盛大仪式时穿用，届时伊丽莎白将要拉着玛丽的拖裙。玛丽不等议会通过改奉天主教的决定，就迫不及待地马上在宫中望起弥撒来，而伊丽莎白则没有出席。玛丽让伊丽莎白说清楚为何不出席，后者就要求面见女王。见面的时候，伊丽莎白哭着跪下要求女王宽恕她的态度，因为她从来没有受过天主教教义的教育。这次见面持续了几个小时，伊丽莎白让玛丽给她一些天主教的书来学习，或者派一个学者来教她。最后她答应参加9月8日的弥撒。然而到了望弥撒的日子，她说自己病了，去教堂时一路诉苦。玛丽对于转变伊丽莎白的信仰是很认真的，因为这跟转变整个英格兰人民的信仰有很大关系。但是伊丽莎白在望弥撒时故意出错，玛丽就询问她是否真心改变信仰？伊丽莎白的回答是肯定的。可是玛丽并不相信她的说法，认为她身边都是异教徒，她去望弥撒是假装的。

玛丽打算下手

一旦玛丽认定伊丽莎白是虚情假意，她就打算要对这个异母妹妹下手了。玛丽即位后，给她母亲和父亲的婚姻正了名，给自己恢复了原来正统的公主称号。她父母亲的婚姻为合法，她父亲和伊丽莎白母亲的婚姻自然就成了非法的。对伊丽莎白来说，她虽然没有恢复公主称号，仍然是私生女，但是玛丽这时还剥夺不了她继承人的地位，因为平民院"不能容忍"这样做。玛丽跟她的亲信高参、国务大臣佩吉特和神圣罗马帝国大使，也就是她侄子西班牙国王的大使雷纳商量，认为伊丽莎白待在宫里早晚是个祸水，不管怎样也要取消伊丽莎白的继承权。伊丽莎白很快就感到自己在走下坡路，因为她在宫中的座次逐渐下降，人们躲着她，在她背后窃窃私语。玛丽虽然下了决心，但是一直在犹豫如何动手。雷纳大使曾经暗示让她把伊丽莎白杀掉，她却找不到这样做的借口。最后伊丽莎白自己提出请长假回乡下的家，玛丽才算松了一口气。

1553年12月6日，伊丽莎白离开伦敦前往她的领地阿什里奇，随身马队达500人。行前玛丽送给他一条貂皮衣领，大家表面客客气气。她在半路上还不忘给玛丽写信表示忠诚，但是玛丽不为所惑，继续在想除掉她的方法。

怀亚特造反

早在11月的时候，议会平民院向玛丽请愿，希望她结婚时嫁给一个本国人。这在当时是有所指的，此人名叫爱德华·考特尼，27岁，单身，英俊，语言能力很强。他本是爱德华四世国王的外孙，从12岁起就因受父亲牵连而被关进伦敦塔监狱，直到玛丽登基后才刚被放出来，受封德文郡伯爵，在人们的眼里足可配得上玛丽。然而玛丽执意要嫁给西班牙的腓力，人们只好作罢。这边玛丽在想法除掉伊丽莎白，那边一些贵族反玛丽的阴谋在不断酝酿，其中一个计划便是把伊丽莎白跟考特尼配成一对夫妻，以后好上台执政。枢密官当中也有人鼓励这样做，希望得到玛丽的批准。玛丽坚决不同意。

一些贵族的造反密谋逐渐变成了行动。就在这关键时刻，爱德华·考特尼胆怯了，他主动向枢密院自首，逼得造反计划只好提前采取行动。由于安排还没来得及到位，几个原定要采取造反行动的地区都没有发动起来，只有肯特郡的怀亚特爵士起兵，要求玛丽下台。开始时，似乎怀亚特就要成功了。这时的玛丽毕竟气势不凡，她前往伦敦市政厅向聚集在那里的一大批上层人物发表坦率的讲话，动之以情，晓之以理，态度从容。玛丽的讲话居然说服了人们，于是风向转变，怀亚特终因势孤力单而失败被擒。

怀亚特进了伦敦塔监狱，厄运就来到了伊丽莎白头上。玛丽派了三个枢密官去伊丽莎白在阿什里奇的宅邸，让她到伦敦来接受询问。伊丽莎白这时恰好生病，面部和浑身浮肿，她说她无法出行。玛丽不为所动，坚持要她前去，几经周折，最后她只好勉强成行。一路车行很慢，到伦敦不足50公里的路，走了四天。当车进伦敦市内的时候，伊丽莎白着意要让人们看到她，她把车窗都打开，这个未来的女王面色惨白，然而穿戴整齐、扬头挺胸，一副王者气概。

英宫往事 ——三个女王的个人生活

几天之后，她终于被关进了伦敦塔接受审查。对怀亚特和其他与案贵族跟伊丽莎白的交叉审查，其结果居然跟多年前那场小国舅托马斯·西摩的公案一样，伊丽莎白对于贵族们的阴谋是全不知情。曾经有两个造反的贵族在事先找过伊丽莎白，但是她的回答既无有关人的口供也无她本人书信可作证据。怀亚特爵士在重刑之下曾经一度承认伊丽莎白知情，但是当他被处死前，在刑场翻了供。审查者无法给伊丽莎白定罪。这种久拖不下的状态让玛丽非常被动，不得已，在监禁两个月后，她只好把伊丽莎白放出监狱，送到牛津郡软禁，让枢密官拜丁菲尔德伯爵专责看管。

老版画"伊丽莎白小姐被囚在伦敦塔"

～～"血腥玛丽"恶名 ～～

在20世纪20年代，一个法裔美国人在巴黎开了个酒吧，推出了一种鸡尾酒，大受欢迎。这种鸡尾酒配方简单：以番茄汁为主，加上少量伏特加，再用英国和墨西哥辣酱油和胡椒粉调味就成了。此酒一出，大受欢迎，直到今天。不知怎的，老板给它起了个名字叫"血腥玛丽"（Bloody Mary）。此名来由说法不一，有说是老板原在芝加哥认识一个姑娘叫玛丽，就拿她做了酒名，至于血当然就是来自番茄汁的颜色了。然而英语词汇里不止这一个"血腥玛丽"，早在几百年以前，人们就管玛丽女王叫"血腥玛丽"，而这个诨名可没有赞扬的意思。玛丽对于罗马天主教的笃信和对于新教的痛恨已经到了沉迷的程度，甚至采取极端的手段来对新教徒进行镇压。1555年2月，当玛丽认为自己的政权已经稳定之后，她就来找新教徒算账了。在整个镇压过程中，有800名新教人士被迫流亡他国，被处以火刑也就是被烧死的新教教士、教徒竟达300人左右。这个数字各种说法不一，有说烧死284人的，有说不到300的，也有说超过300的，所以说300人左右比较妥当。最有戏剧性的是坎特伯雷大主教克兰默，他先是被迫眼看着两位新教主教被烧死，后来他就宣布叛教，承认天主教，然而玛丽还是不饶，克兰默在被烧死前先将自己的手烧毁，以表示先前用这手签字叛教无效。玛丽的极端做法连支持她的外国使节也觉得过分。这种暴行既不能吓倒那些遭迫害的人，他们中有的人在走向刑场时高兴得就像过节一样，又使新教徒们更加坚定了自己的信仰，视受极刑的人为烈士；而玛丽则给自己招来了"血腥玛丽"的恶名。

玛丽的无奈

伊丽莎白被软禁在牛津郡乡间，这个地方叫做伍德斯托克。那里原来有一座不大的皇家狩猎用的房子，但是当时已经很破旧了，伊丽莎白就住在原来做门房的小木屋里。这所房子现在已经没有了，但至今那里仍游人不断。游客多半不是去寻访伊丽莎白的足迹，他们是慕丘吉尔之名而去的。英国前首相温斯顿·丘吉尔家的祖产马尔博罗公爵庄园就是在原来王家猎舍基础上建立的，叫布莱汉姆宫，现在是英国重要的旅游景点。丘吉尔本人虽然未能继承这个庄园的产业，但他确实是在这里出生的。伊丽莎白在小木屋里住了九个月之后，玛丽觉得总这样下去不是个办法，就把她召到伦敦来问话。伊丽莎白离开软禁地以前，据说用戒指上的钻石在木头窗槛上刻了三行后来非常有名的诗：

对我怀疑多多，
证据一点没有。
囚犯伊丽莎白如是说。

英宫往事——三个女王的个人生活

伊丽莎白到了伦敦，玛丽先让她等了几天，然后让一个大臣去见她，劝她承认参与了怀亚特的造反，她坚决不承认，也不肯请求宽恕，因为自己根本没错。玛丽听了汇报后对伊丽莎白坚持清白表示吃惊。她说如果公主没错，那关押她就不公，然而朝廷所做的是公道的，伊丽莎白一定得换个说法才行。伊丽莎白不肯让步，局面僵持了两星期。玛丽决定把她送进伦敦塔监狱。伊丽莎白要求面见玛丽，玛丽把妹妹召进寝宫来。伊丽莎白一见姐姐就跪下了，她一个劲儿地表示忠心，但就是不认错。最后，玛丽接受了伊丽莎白的说法，姐妹算是和解了。在1555年那个粮食都种不熟的夏天，伊丽莎白终于回到了自己在乡下的宅邸。那个原来准备跟她配对儿的考特尼被送出国去，以免再出麻烦。

然而树欲静而风不止。怀亚特过去的同伙不死心，继续策划让伊丽莎白和考特尼取代玛丽和腓力的政变。这个计划被称为"达德利阴谋"，因为主要的策划者叫亨利·达德利，是过去小国王爱德华六世的卫队长。他们主要是反对西班牙对英国的图谋，要努力阻止腓力加冕为英格兰共治国王。还有说他们计划抢掠国库，夺取伦敦塔，杀死玛丽女王。然而由于事机不密，造成这一阴谋胎死腹中，有关人物被捕。

伊丽莎白对于这一阴谋自然会有一定了解，但是怀亚特案记忆犹新，她可不想去趟这浑水。她身边有些人参与其中。于是种种关于伊丽莎白上台的说法甚嚣尘上。这回伊丽莎白是否又要被抓起来了呢？回答是否定的。因为她现在的地位已经巩固，玛丽和腓力都害怕对她采取任何严厉措施都会引起议会和人民的反感，对他们夫妇不利。

伊丽莎白身边忠诚的司库托马斯·帕里告诉她，有一个人在埃塞克斯郡公开宣布伊丽莎白已经是女王，她的"男

今天的布莱汉姆宫

人考特尼勋爵是国王"。这件事给了伊丽莎白一个机会来写一封信给玛丽以表心迹。她首先谴责策划阴谋的人，接着祝贺玛丽挫

老版画"伊丽莎白小姐在她姐姐玛丽女王前"

败了阴谋，然后写了一段话，也就是后来很有名的"剖心论"。她写道："我盼望有优秀的外科大夫能够解剖人们的心。因为我确信，这样就能弄清别人的恶意，而陛下您就能知道那些迷雾越是想遮盖我灵魂明亮的光辉，我那受磨难的内心的想法就越加会冲破阴暗恶意的遮掩。"这封信，加上传来了考特尼已经在意大利去世的消息，就使得伊丽莎白的处境进一步得到改善了。

玛丽最后的日子

玛丽1553年登基后不久，继承问题就开始让她大费脑筋。她极不甘心让伊丽莎白来做她的继承人。但是，既然无法把这个异母妹妹从继承人位置上抹掉，唯一的出路就是自己生出一个排序在妹妹之前的继承人来，这就需要找一个合适的丈夫。玛丽母亲的外甥西班牙国王兼神圣罗马帝国皇帝查理五世有个独生子腓力，这时成为候选人之一。他比玛丽小11岁，原来结过婚，妻子已丧，留有一个儿子。相亲的办法是把一幅由著名画家提香画的腓力肖像拿给玛丽去看。玛丽一看就爱上了他。这桩婚事从玛丽来说，的确是出于爱慕，也许还有点宗教的因素；而就腓力来说，纯粹是出于政治目的，他自己就说对玛丽只有尊崇而无肉欲之爱。为了使这场婚姻显得般配，腓力的父亲特意把那不勒斯王国和耶路撒冷王国的王位先

英宫往事——三个女王的个人生活

玛丽一世女王和丈夫西班牙腓力国王

给了他。婚姻的条约规定，腓力将成为英国名义上的国王，实行夫妻共治。玛丽也成了那不勒斯和耶路撒冷名义上的女王。英国的普通法规定，妇女结婚后财产就归丈夫所有，英国人很怕在玛丽婚后哪怕表面上腓力是名义国王，实际上他将左右玛丽的言行，因此，从一开始就反对这桩婚事，劝玛丽找个本国丈夫，但是玛丽坚持己见。1554年7月，第一次亲自见面两天后，玛丽就和腓力结了婚。然而由于反对的声浪高涨，腓力始终也没能获得（在英国）加冕的机会。在玛丽死后，他的共治国王的身份依法也告终止。

玛丽在婚后一度出现妊娠反应和体征，她自己和别人都认为她已经怀孕了，结果这些都是假性的，逐渐消失了。这时腓力也回西班牙领兵出征佛兰德斯去了，玛丽的情绪极坏。1556年，腓力的父亲让位于子，腓力当上了西班牙国王，是为腓力二世。

对于伊丽莎白，腓力的态度一直比较友善。解除玛丽对伊丽莎白的软禁，其中就有他的作用。腓力有自己的打算，这在后面再说。他回西班牙后，玛丽可能是由于孤单的关系，跟伊丽莎白反倒亲近了，两人见面比过去多了。腓力在1558年一度再回英国，玛丽希望这一回能够怀孕，但还是落空了。腓力此来最重要的成果是说服玛丽出兵打法国。结果是英国丢掉了加莱城，失去了在法国也就是欧洲大陆上最后一个据点，从此英国就和欧洲的陆地再也不相连了。想当年玛丽父亲亨利八世耗费巨资苦心经营的桥头堡加莱从此换帜，英国人痛心万分，这份恨意就自然地转到了玛丽身上。玛丽丢失土地，国人唾骂，遭夫遗弃，子女落空，心神俱伤，健康日衰，终于在1558年11月17日撒手人寰。就在11月9日，腓力以共治国王的名义，派人召集英国议会开会，重申伊丽莎白的继承人地位，并得到重病中的玛丽首肯。玛丽一走，两姐妹25年的恩怨情结终告谢幕。

玛丽，玛丽！

　　平心而论，玛丽的心眼儿不是很坏。她自青少年时代起受到母亲被休、自己被贬的打击，接着就是丧母之痛，起起落落，历尽沧桑，但是又生性倔强，不肯低头，因此境遇一直不好。弟弟登基后，本来可以松快些，但是宗教信仰不合，使她郁郁寡欢。好不容易熬出头，自己做了女王，但是青春已过。结婚后热爱丈夫，为了丈夫几乎可以做任何事，而得到的回应却是冷淡，最后遭弃，殷切期盼的后嗣也永无到来之日，结局是过早地含恨而终。在一定程度上，玛丽存在着扭曲的变态心理，虽然做了一国之主，却总感到不论国内国外，命运总是在跟她对着干。她对新教人士迫害之狠毒，恰恰说明了她在宗教问题上的心灵沉迷与偏执。但据不少人说，她平常对待臣下和子民还是很和善的。仔细想来，她对伊丽莎白也还是手下留情的，不然她在位五年之久，总可以找到杀掉对方的办法。然而，评价做了一国之君的历史人物，此人是否宅心仁厚，情感是否丰富，这都不是要点，要点在于她能否把握时势、顺应时势和推动时势，从而给国家和百姓带来好处。不幸的是，玛丽在英国历史上留下的印记，主要就是那个回到中世纪去的"血腥玛丽"。而伊丽莎白生性可能不如玛丽善良，对人可能不如玛丽有情有义，处世可能远较玛丽圆滑、甚至狡诈，却因时也势也，倒成为一代英主。

第三章　谁来继承新女王

〓〓〓 假如新女王今天死去 〓〓〓

伊丽莎白作为玛丽的继承人当上女王，御座还没坐热，谁来继承自己大位的问题马上就来了。要是伊丽莎白走了，她父亲亨利八世的直系后代就都没有了。第一章里已经说过，在这种情况下，按照亨利的遗嘱，应当由他妹妹萨福克家族来接班。但是亨利早已死去，这事得由活着的人说了算。按照习惯，亨利的姐妹两系都有资格接班，而且不止一人。让谁来接呢？这是个非常现实的问题。

这件事不等伊丽莎白女王、枢密院和议会研究出个头绪来，就有人先下手了。在往下具体讲这个问题之前，需要强调，伊丽莎白当女王的基础不是那么牢靠的：要是玛丽女王的母亲凯瑟琳跟亨利八世的婚姻合法，那么伊丽莎白的母亲安妮·波林的婚姻就是非法的了，那样伊丽莎白就成了私生女，根本没有资格接班王位。玛丽去世和伊丽莎白即位的消息一传到法国，法国国王亨利二世就宣布她的儿媳、苏格兰女王兼法国太子妃玛丽·斯图亚特（下称苏玛丽）为英格兰女王。接着苏玛丽就把英格兰皇家的徽章并入她自己原来的徽章。问题的严重性在于，他们根本不承认伊丽莎白本人有继承权。苏格兰的玛丽·斯图亚特不是作为伊丽莎白今后的继承人，而是以刚刚去世的"血腥玛丽"的接班人出现的。苏玛丽是亨利八世姐姐玛格丽特的孙女，她已经接了父亲詹姆斯五世传下来的苏格兰王位，只是因为年龄只有17岁，当时由她的母亲摄政。她母亲出身于在法国掌权的居伊斯公爵家族，而这个家族对于英国王位早有觊觎之心。接着，法国国王亨利二世在1559年7月去世，他的儿子、苏玛丽的丈夫成了法王佛朗西斯二世，他在居伊斯

加冕时的伊丽莎白一世女王

家族推动下，跟一批苏格兰贵族勾结，想方设法要让苏玛丽也当上英格兰女王。

然而这事谈何容易。当时苏格兰在欧洲大陆和英格兰的宗教改革影响下，新教的势力已经很强大，国民已经从信奉天主教改信基督教，他们要求摄政的玛丽太后下台。玛丽太后求助于娘家法国，法国派了一万军队去苏格兰。苏格兰新教贵族的议事会向英格兰的伊丽莎白女王求援。伊丽莎白决定出兵与苏格兰军队一起跟法国军队打仗，结果法军被打败，于1560年6月6日订立了英、苏、法三方爱丁堡条约。订约五天之后，玛丽太后就去世了。条约规定，法、英两国陆海军都撤出苏格兰；苏玛丽女王及其法国王夫不得再使用英格兰王室徽章；承认伊丽莎白女王是英国唯一的君主。条约的条款得到了执行，但是苏玛丽女王始终不肯批准这一条约。这很可能是由于苏玛丽要求伊丽莎白明确承认在死后由她来继承英格兰王位，而伊丽莎白一直没有同意。

三国纠结

在前面的章节中，已经有不少地方提到了英国和法国的关系。我们有必要在这里大略梳理一下，以弄清头绪。太古老的事情就不去说它了，就从大约1000年前诺曼人征服英格兰开始吧。公元1066年，来自欧洲大陆的诺曼底大公威廉率军入侵英国，建立了囊括英格兰全境的诺曼王朝。诺曼底位于现今法国的西北部，诺曼人是八九世纪间入侵欧洲南部的北方日耳曼人的后裔，和原来的法国人，即高卢人（主要由凯尔特人和日耳曼人融合的）不是一回事，但是在法国的诺曼人接受法国国王给的封号和使用法语。这些诺曼人入侵英国后就建立起独立的王朝，统治英格兰和大陆上的诺曼底、安茹等地区，和法国一直有着利益冲突，纠葛不断。最严重的是从14世纪打到15世纪的英法百年战争，最后以英格兰的失败告终，从此丢掉了诺曼底、安茹、波尔多等地，在欧洲大陆只剩下英法海峡对岸的加莱城。就是加莱，也在"血腥玛丽"做女王的时候丢了，此后，英格兰在欧洲大陆就没有了立锥之地。然而苏格兰的情况则不同。英格兰一直都把苏格兰看成像是属下的伯爵领地，让苏格兰人很不满意，以至于在1320年宣布自己是独立的王国。苏格兰人属于凯尔特人，跟法国有着天然的联系，英格兰又是他们共同的敌人，于是苏、法双方早在1295年就结成同盟。他们相约，如果英格兰入侵法国，苏格兰就越过边界攻打英格兰北部；如果英军入侵苏格兰，法国就攻打英法海峡沿岸的英国港口。到了16世纪，甚至发展到了苏、法两国公民在对方国家享受同等公民待遇，商人可以自由贸易。16世纪中叶苏格兰国王詹姆斯五世死后，只剩幼女苏玛丽一个直系继承人，贵族们和新寡的王后决定把苏玛丽送到法国保护起来，并将她嫁给法国的王位继承人，以便让这对夫妇未来的长子能同时成为法国和苏格兰两个国家的君主，并且准备着两国在政治上进一步的联合。

但是人算不如天算。苏玛丽的丈夫过早死去,到了1560年,苏格兰的宗教改革又发生大转折,国民从天主教改信新教,摄政的玛丽王太后对此转变出言不逊,被信新教的贵族们赶下了台,结果就发生了上面所说的英、苏、法三国打仗的事,并且以爱丁堡条约的签订和苏格兰—法国同盟的解体而告终。这个条约的重要性,除暂时解决了苏格兰和英格兰在王位继承问题上的纠纷外,更在于一劳永逸地将英伦三岛跟大陆上的法国几百年来的纠结作一了断,这对于增强英国的民族国家认同、培育英国人的民族性、减少英国的外部干扰以及促进后来联合王国的诞生,有着历史性的贡献。

摁下葫芦起了瓢

苏玛丽虽放弃了先于伊丽莎白继承英国王位的企图,但她还是要求在伊丽莎白去世时由她来继承这一王位。而且,摁下葫芦起了瓢,有可能要求先于或后于伊丽莎白继承英格兰王位的远远不止苏玛丽一人。

先说亨利的姐姐玛格丽特的后代。玛格丽特嫁进苏格兰斯图亚特王朝后,后代只有一个孙女苏玛丽。然而玛格丽特本人在丈夫死后改嫁给苏格兰贵族道格拉斯,又有了一个外孙达恩利。苏玛丽后来跟达恩利和结婚并且生了儿子。这样,玛格丽特这一支就有苏玛丽、达恩利和他们的儿子詹姆斯三个人都有都铎血统,有资格到英格兰来继承王位了。

至于萨福克家族可能入继英格兰大统的情况,就有点复杂了。先是简·格雷抢了"血腥玛丽"的班,做了九天短命女王,具体情况已经讲过了。简有两个妹妹:大妹凯瑟琳,早年嫁入名门,但夫妻并未真正同房。20岁时因父亲和姐姐造反被处死而遭离婚。伊丽莎白登基后对她不放心,把她收到宫中养着,以便监视。不知怎的,凯瑟琳跟人秘密结婚，直到孩子快要出生了才说出来。伊丽莎白闻知后大怒，首先是不满凯瑟琳一直对结婚保密，更重要的是由于凯瑟琳本人就有继承王位的可能，如今要是孩子出生，会使她更加有了继承条件，对伊丽莎白很具威胁性。于是凯瑟琳便被投入伦敦塔监狱，接着她的丈夫赫特福德伯爵也被送入伦敦塔。夫妇两人虽处同一监狱，但是分开居住。这夫妇俩强调自己是正当婚姻关系，于是由坎特伯雷大主教主持的一个委员会对这桩婚姻进行调查，但因证婚人已杳如黄鹤，当时在场的证人也已死去，无从证明这桩秘密婚事的合法存在，只好听由女王拆散。丈夫赫特福德伯爵被判罚15000英镑，罪名是"勾引王室处女"。然而夫妇俩不管婚姻是否合法，他们买通了狱卒，不时聚首，又有了第二个孩子。恰在此时，有人印发了一个小册子，强调凯瑟琳的王位继承权。伊丽莎白忍无可忍，坚决不肯宽恕这对夫妇。凯瑟琳整日哭泣，不久后便死了。

萨福克家的小妹妹玛丽的遭遇，就更离奇了。她也是在宫里行走，接受监管。随着年龄日长，她急于找个丈夫，找来找去，找了一个宫里的门卫托马斯·基斯秘密结婚。玛丽个头很小，而她丈夫极为魁伟，两人站在一起往往让人看了发笑，但是感情很好。伊丽莎白闻说两人秘密结婚后，大为生气，一是因为居然事先不向她请示，二是两人门第相差太大，于是又下令拆散。先是把基斯关进监狱，三年之后因病释放，规定他不得与妻子见面。后来基斯托大主教求情请求准许夫妻团聚，未获批准。他死后，妻子玛丽要求为他服丧，伊丽莎白也不允许。

除了斯图亚特和萨福克两大家系之外，还有一些跟过去国王的血统沾边、有继承王位可能的人，伊丽莎白都不放过，不过比起上面讲过的，就不那么带戏剧性了。

姐夫想娶小姨子不成

要想不让别人来继承王位，最牢靠的办法就是自己有后代。而要有后代就必须先得有个丈夫。伊丽莎白25岁登基后，来拉关系提亲的人络绎不绝。由于做了英国王夫就等于成了半个英国国王，吸引力太大了，够格不够格的都想来试一把。关于女王快要结婚的谣言满天飞，而她本人，则是没有边儿的绯闻越多越高兴，用漂亮的手法把追求者们玩弄于股掌之中。

西班牙国王腓力，是最早也是最强有力的追求者之一。腓力原本是伊丽莎白的姐夫，妻子玛丽女王在世的时候，他就跟妻妹关系不错，当时就着眼于今后。他的考虑是，由于玛丽没有后代，与其让以法国为后台的苏玛丽之类入主英格兰，还不如让伊丽莎白来继承。同时，他自己也想在玛丽死后跟伊丽莎白结婚。腓力认为，西班牙已经成为欧美两大洲的霸主，伊丽莎白实在没有道理拒绝他的求婚。于是在伊丽莎白加冕前，他就派大使来进行游说。为了打消伊丽莎白可能的顾虑，他让大使告诉女王，即便到结婚时她还是一个"异教徒"，他也能从罗马教皇那里获得特准。这时，英国正在和法国进行和平谈判，还希望西班牙在英国要求收回大陆上的领土加莱的问题上助一臂之力，因而伊丽莎白采取了暧昧的态度，既不接受求婚，也不断然拒绝。直到英国和法国签订了和平协定，伊丽莎白才对大使说，她压根儿就没想结婚。跟腓力结婚绝对是让自己增光添彩的事，对于英、西两国对付法国也很有利，但是两人互相做兄妹也能起这个作用，再说腓力是她姐夫，国民又反对她嫁给外国人，最后一点是两人的宗教信仰不同，她以自己是"异教徒"为荣。这样的婚姻如何能行，腓力听到伊丽莎白振振有词的回答后就绝望了，自己另找对象去了。

英宫往事 ——三个女王的个人生活

信誓旦旦不嫁外国人

伊丽莎白说国民反对她嫁给外国人，这是真的。在登基三个月后，也就是1559年2月，议会平民院有些人要求给女王写信，请她找个英国人结婚，后来为了怕冒犯她，没写要英国人，只请她快点结婚。过了几天，女王向议会说，大意是，要是上帝让她脱离单身生活，她请大家放心，决不会让王国受到损害，她会以生命来保护财富、利益和安全。如果有谁有幸中选，她相信他也会同样地关护着王国和大家。她接着说：反正像玛丽时代国家和宗教的利益受损的局面再也不会出现了。"即便上帝让我继续单身下去，他老人家也不会不让我和你们找到合适的接班人，这甚至可能比我自己有子女会对王国更有好处。虽然我无微不至地关怀着你们，但我的子女有可能长歪了而不知体恤。对我来说，有一块石碑上写着我曾经于何时在位，而无论生或死我都是一个处女，就足够了。"这番话传达了两点信息：一是她不大可能找外国人结婚，二是她有很大可能根本不结婚。

这个时期也的确有不只一个英国人在动女王的脑筋。其中最突出的是皮克林爵士，此人的父亲是亨利八世的警卫长，本人做外交官，四十多岁，身材高大健壮，是个花花公子。他跟伊丽莎白第一次见面后，第二天就在宫里呆了几个钟头，很快伊丽莎白就在宫里给他拨了房间居住。坊间盛传他就要和女王结婚了。但是他作风浮华张狂，有不可一世之概，人际关系极糟，很快就被贵族们排挤出局。

外国追求者紧追不放

与此同时，外国追求者纷至沓来。上了名单的主要有：神圣罗马帝国皇帝的两个儿子、两个德国公爵、瑞典国王、一个芬兰公爵、一个苏格兰贵族。下面择其要者介绍一下：

在众多追求者中，最为执著的要算瑞典国王埃里克十四世了。埃里克跟伊丽莎白同年，早在他和伊丽莎白都还是接班人的时候，他就远程求婚未果。然后在1560年准备上船亲赴英国求婚时，父亲老国王驾崩的消息传来，使他中断了行程。他登基后，马上就派使节来为自己打前站。但是他所派之人完全误解了伊丽莎白的礼貌客气，认为她的一切表现都说明了她对埃里克国王的爱意。埃里克曾要求伊丽莎白接见他将专门派去求婚的使团。伊丽莎白生怕拒绝求婚会对两国关系不利，而希望使团不要来。可是瑞典人不明白她的暗示，坚持派出了以国王弟弟约翰公爵为首的求婚使团。这时西班牙大使正在为神圣罗马皇帝的儿子奥地利大公查理的求婚而施展手脚。于是，这两家的求婚代理人就顶起牛来。查理大公的代理人说瑞典老国王的王位是从丹麦人那里偷来的。约翰公爵听了怒不可遏，扬言要杀了他。英国人则尽量安排不让这两人有机会碰头。瑞典人答应，一旦婚约成立，他们将大把地给钱。但是伊丽莎白还是不给准信儿。埃里克不信伊丽莎白真会不接受他，他把此事迟迟不获进展怪到他弟弟约翰身上，说约翰自己在那里追求伊丽莎白，于是把他召回。接着埃里克又派新的使节带了黄金和骏马到达英国，并说他本人将很快就来。1561年，埃里克要来了，伊丽莎白也做好了接待他的准备。但是这位瑞典国王最后还是没有来，他终于认识到求婚是不会成功的，后来就娶了一个本国的平民姑娘。伊丽莎白感到如释重负。

神圣罗马帝国的两个王子，其追求的劲头也很可观。神圣罗马帝国是欧洲中世纪最大的帝国，时间从10世纪到19世纪，地跨东中西欧。开国的君主是德意志国王奥托一世，由罗马教皇加冕称帝，是罗马天主教世界的最高世俗统治者。帝国中期疆土逐渐缩小，到14世纪时只余下德语地区。以后分封诸侯，权力分散，帝国皇帝成为空头，就像我国东周时期那样，最后帝国在1806年被拿破仑灭了。在英国伊丽莎白一世时代的早期，帝国的皇帝是斐迪南一世。

他的次子也叫斐迪南，比伊丽莎白大四岁，封为奥地利大公，辖如今奥地利西部和德国的一部分。他的小儿子叫查理，比伊丽莎白小七岁，也封奥地利大公，辖如今奥地利南部和意大利的一部分。帝国皇帝希望伊丽莎白能跟这两个王子中的一个联姻，就让他自己的大使和西班牙大使都到伊丽莎白这里来进行游说。先是提斐迪南大公，但是他在英国的口碑不佳，说他是个偏执狂；其实，他早就有个秘密老婆，并且生了孩子。于是大使们就集中力量推销查理大公。据闻查理的头颅大得吓人。伊丽莎白表示，她绝不嫁给一个没见过的人，她不信画出来的肖像，必须得见见本人。她还说对方得是一个能骑马的壮小伙子，而不是整天在家里拨弄炉灰的猥琐男。她希望查理能亲自来英国一行，哪怕是化名前来也可以。英国驻帝国的大使也忙着了解查理大公的年龄、身高、体重、力气、皮肤、脾气、爱好、教育、宗教信仰等细节。最后，伊丽莎白给帝国皇帝斐迪南一世直接写了一封信，在信中表示她不想放弃独身生活。就她的年龄和地位而言，这种想法也许有点离奇，但这并非突然。过去有过能让婚姻来拯救她于悲伤或危险的时候，但是对于危险的担心和对于解脱的向往都不能使她改变主意。往者已矣。上帝将会指引前途，而她则将本着王国的利益而行动。

　　伊丽莎白这番话，虽然表示不想结婚，但是也没有完全关上大门，她特意留了一点门缝：既没有明确说不嫁给神圣罗马帝国皇帝的儿子，也没说今后一辈子绝对不结婚。伊丽莎白对于上面各个提亲的对象都不肯认可，是不是说明她自己就没有真正喜欢的男人呢？不是的。的确有这么一个男人，我们在下一章里马上就会详细讲到。

第四章 莱斯特、阿朗松和埃塞克斯

莱斯特伯爵

前面已经说过,简·格雷做了女王,只有九天就被玛丽推翻。她的家人受到牵连,其中包括她丈夫的五弟罗伯特·达德利。

玛丽女王在处理这个案子上,下手不是很狠。主犯关了很久才被执行死刑,大部分人都被宽大了,罗伯特也在其内。到了伊丽莎白1558年登基之后,更是既往不咎,罗伯特也在政坛上崭露头角,他后来被封为莱斯特伯爵,为了便于叙述,我们此后便称呼他为莱斯特。

莱斯特比伊丽莎白女王大一岁,据他自己说,他们在女王八岁时就在宫里一起上学而相识,但是这一说法没能得到印证。简·格雷事件发生后,莱斯特曾被关进伦敦塔监狱并被判处死刑,由于玛丽女王丈夫、西班牙国王兼英格兰共治国王腓力的帮忙,才没有遭到灭顶之灾。莱斯特出狱后,投效于腓力的军队,参加英、西两国共同对法国作战。

伊丽莎白女王的真爱罗伯特·达德利,莱斯特伯爵回国后在玛丽女王朝中做到军械总管。至于他和伊丽莎白的关系，有一个说法是，当莱斯特关在伦敦塔里的时候，伊丽莎白也关在那里，两人在那里相聚过。不过这也缺乏根据。两人的确同时在那里关过，但是不在同一个监区，都在严密看管之下，不大可能在那里见过面。莱斯特曾在小国王爱德华的宫中服务过。有说莱斯特与妻子艾米1550年结婚时，爱德华和伊丽莎白都去参加过婚礼。由于莱斯特父亲约翰是护国公，是当时位阶最高的大臣，爱德华确实去参加婚礼了，伊丽莎白也很有可能去了。总之，流行的说法是，莱斯特早在伊丽莎白成为女王前就一直跟她保持密切的往来，当她遇到经济困难时，莱斯特不顾自己也不富裕，卖了田产来帮过忙，因而后来他受到宠信也就不足为奇了。1558年底伊丽莎白成为女王后，他被任命为女王的马务总管，负责管理有关宫内马的事务，从此对女王出入随侍。从1559年4月起，人们开始注意到女王跟莱斯特的关系异常。莱斯特的夫人艾米患有乳腺癌，不住在伦敦，所以他单身住在宫里。有人说，女王不论早晚都会直接到莱斯特的住房里，是他的情人。人们传言，女王就等着艾米病死后自己跟莱斯特结婚了。这种流言让女王的近侍十分担心，劝女王早点找人结婚。女王不以为然，她说我身边总有人陪着的事实足以打破谣言，我也不应向谣言低头。她表示自己活着就已经够难的了。后人评论说，女王也是够天真的。她母亲就是带着不贞的帽子死去的，这让她自己的名声很容易就被玷污，这种流言她是吃不消的。

然而不管两人是否真的是情侣，女王是否打算以后跟莱斯特结婚，一起突发的事件彻底摧毁了两人结婚的可能性。1560年9月8日，艾米被发现死于伯克郡乡下的房子里。她躺在一座只有八级的楼梯脚旁，颈骨折断，当时住处内只有她一人。对于艾米死因的一种解释是她因为不堪病魔折磨而自杀，验尸官的结论是意外死亡，并没有认为是有人谋杀。然而人们并不买这个账，舆论认为是莱斯特设法杀了她，伊丽莎白女王是共谋，目的是在她死后两人好结婚。莱斯特为妻子隆重举丧并为她服丧半年，被认为是故意伪装。

在此情况下，人们发现女王的精气神大不如前。女王曾经起草了一个文件，要授给莱斯特贵族爵位，这种社会地位的提升乃是跟女王结婚的先决条件。然而就在女王快要签字的时候，她拿刀把文件砍毁了。除了社会舆论反对外，大部分贵族和枢密官们也都反对女王跟莱斯特结婚。如果伊丽莎白甘冒天下之大不韪去结婚，情况将会非常不妙，最坏甚至可能让她失去王位。

然而莱斯特不肯放弃，他另有计划。他通过人找到西班牙驻英大使，请求腓力国王支持他和伊丽莎白结婚。作为回报，他将设法让英国派代表出席教皇召集的宗教会议。对于此事，伊丽莎白是知情的，说明她还是有跟莱斯特结婚的意思。然而她的首席大臣坚决反对，使此安排没能成功。经过几个月后，伊丽莎白和莱斯特的结婚打算就被彻底淡化了。

虽然结婚的打算被搁置了，但是伊丽莎白对莱斯特的宠信不衰，终其一生，女王对他一直是提拔重用，广赐财富。女王1562年患重病时，曾指定莱斯特在她身后做王国的护国公。不久，他被授以嘉德骑士勋章，获赐城堡，1564年被封莱斯特伯爵，成为朝中最炙手可热的大臣。牛津大学请他做校长；法国国王也向他授勋。这一年，伊丽莎白还建议莱斯特跟苏格兰玛丽女王结婚，此事没有结果，也不知伊丽莎白出于真心还是用这个建议来掩盖她自己和莱斯特的关系。几年之后，莱斯特跟谢菲尔德男爵的母亲老男爵夫人搭上关系，据夫人说他们正式结了婚，而莱斯特不承认，但是后来夫人又跟别人结婚了。总之，不管是否结了婚，这个关系是瞒着女王的。1566年，埃塞克斯一世伯爵去世，他的遗孀莱蒂丝·诺利斯嫁给了莱斯特。流行的说法是这两人早就是情人，而且还生了两个孩子，为此两个伯爵成为仇人，埃塞克斯就是莱斯特给毒死的。这桩婚事也是瞒着伊丽莎白女王的，一直瞒到1579年。女王知悉这事后，大发雷霆，下令永远不许伯爵夫人莱蒂丝进宫，并一度想把莱斯特投入伦敦塔监狱。然而不管如何折腾，莱斯特在伊丽莎白女王那里是一只不死鸟，终究还是获宠到底，他在短时的受冷后，又在朝中起到举足轻重的作用。针对他的行时，大概在1584年左右出现了一本匿名的小册子，题目叫《莱斯特的共和国》，作者据说是一位叫帕森斯的耶稣会教士。小册子里说，英格兰的宪法法统已被颠覆，政府落在一个不信神的道德败坏的卖国贼手里，还说对此人的部分控罪伊丽莎白女王是事先知情的。枢密院下令对此书予以取缔，并说其中对女王的指责不实。1585年莱斯特被任命为英国赴低地国家部队的总司令。他在那里干了两年，效果不是太好。1588年是英格兰打败西班牙无敌舰队的年头，莱斯特被任命为抵抗西班牙入侵的陆军部队司令。次年，他得了急病在乡下的家中去世。

时人和后人在对莱斯特事业和为人评价时颇多指责，但是这与我们的主题——伊丽莎白女王的个人生活——并无多大关系。我们看到的是，一个英俊帅气的男人，有着高雅的欣赏品味，特别是对建筑独有情趣，在从女王登基到他自己去世的30年中，一直是女王最为接近、最为宠信的男性，对于女王的个人生活产生过超乎任何人的影响，这才是问题的关键。莱斯特伯爵和伊丽莎白一世女王究竟是个什么关系？女王是把他当做真正的情人还是用他来做挡住结婚压力的借口？女王和莱斯特只是精神交流还是有着床笫之欢？这都成了四百多年来没有解开的谜团。到了今天，我们既解不开这个谜，也感到没有解谜的必要，让读者诸君自己去琢磨岂不更好？

阿朗松公爵

英格兰跟法国和西班牙的关系，在16世纪前期和后期有了转换：前期是英国和西班牙合起来对付法国，后期则是英国和法国合起来对付西班牙。原因可能比较简单：前期是在陆上争霸，法国是对手；后期是在海上争霸，对手成了西班牙。在伊丽莎白时代，英格兰通过官方支持的海盗活动，对西班牙的海上霸权形成了挑战。西班牙组织了无敌舰队在1588年来打英格兰，英格兰情况危急。

伊丽莎白女王亲临港口鼓舞士气,由被封了爵士的海盗头子弗朗西斯·德雷克率领英格兰海军打败了无敌舰队,才算躲过了一劫。所以前期玛丽女王嫁给西班牙腓力国王,后期伊丽莎白女王跟法国王弟谈婚论嫁,也是合乎逻辑的发展。

阿朗松公爵(1554—1584年)是法国国王亨利二世的小儿子。他从小得了天花,既使面相受损,又影响身体发育,所以成年后,身弱体矮,不到5英尺(约合152厘米)高,走路一瘸一拐。跟他相比,伊丽莎白虽然也得过天花,面有麻点,但是她身材高挑(5英尺6吋,约合168厘米),皮肤白皙,只不过两人年龄差距太大,阿朗松要小21岁。

早在阿朗松十几岁的时候,他母亲就开始撮合他和伊丽莎白的婚事。那时伊丽莎白以年龄相差太大婉拒了,但是并没有关上门。此前,比他大三岁的哥哥亨利也曾经被撮合过,但没有成功。阿朗松虽然年龄不大、模样不俊、身体不好,但是能量不小。他18岁时就在镇压胡格诺派教徒(法国新教徒)的军队里担当重任。接着又和他哥哥亨利同谋,企图夺取他们大哥查理国王的王位。他20岁时,查理去世,亨利当上了国王,他受到监视控制。1575年21岁时,他逃脱了控制,回到自己的地盘,然后起兵逼宫。结果亨利三世国王妥协,给阿朗松加爵进财。1577年,阿朗松再度被国王软禁。次年,他借助绳索通过他姐姐房间的窗户逃脱。他到达法国控制下的比利时,宣称自己是比利时的护国公。在这些年里,阿朗松一直跟伊丽莎白保持通信联系。1579年,他在比利时呆不下去了,就认真地想跟伊丽莎白结婚。他派人前往英格兰谈判,一切看来都很顺利。那年8月,他亲自登陆英国。

阿朗松在英国呆了十天。在这些日子里,他跟伊丽莎白见了几次面,后来甚至发展到凡不是睡觉的时候,两人就在一起。伊丽莎白对自己的近侍说,她对于认识他感到非常高兴,被他的优点所吸引,对他比对任何别的男人都要更为仰慕。阿朗松离去后,他写来的信"热情到让水都能燃烧"。这些信到现在还保留在女王故居的档案里。

然而朝中高官和公众舆论却非常反对这一结合。枢密院跟女王之间展开了激烈的争论，女王甚至出言不逊。有一个叫约翰·斯特布斯的人，写了一本小册子，题目是《发现英格兰被另一桩法国婚姻所吞掉的海湾》，来反对女王嫁给阿朗松。结果女王下令把他的右手剁掉，以示儆戒。

伊丽莎白和阿朗松之间在1579年11月签了一个初步婚姻合同，里面规定阿朗松及他的随从人员可以在私下按天主教规行事。然而强烈的反对声终于让这种关系冷了下来，以致阿朗松的亲信在1580年4月给女王写信呼吁道："天哪！夫人，您快点吧！"

在初步合同签订后，事情又拖了不到两年。在1581年4月，法国太子访问英国，虽然没有谈妥具体的条件，但是气氛很不错。6月，阿朗松秘密来到英国，没有让法国国王知道。那时他准备进行康布雷战役，伊丽莎白答应给他钱并支持他作战。

次年，阿朗松又来了。这时法国国王和王太后都不希望阿朗松总在英国呆下去。阿朗松的母亲王太后写信给他说："你在成为世界的笑柄之前还是赶快回来吧。"

这时伊丽莎白实际上已经不想继续发展跟阿朗松的关系了，但是她还想利用法国来对付西班牙。她继续施展解数，以维持现状。以至威尼斯大使发回报告给国内说，女王每天早晨都要去阿朗松的住房，带给他一杯汤做早点，两人很不恰当地在无人陪伴的情况下整天呆在一起。西班牙大使则报告说，看来他已经得到了她肯定的答复。

这年11月21日，女王当着自己的大臣莱斯特和沃辛汉姆对法国大使说，你可以报告国王说："阿朗松公爵一定会是我的丈夫。"然后她转过

伊丽莎白一世女王的追求者、法国阿朗松公爵

身来，嘴对嘴地吻了阿朗松，并且给了他一枚戒指作为定情物。他也回赠了一枚。接着，女王把男女近侍都叫过来，把所说的话重复了一遍。

看来这场婚事已经铁定了。然而在最后关头，伊丽莎白叫停了。阿朗松急了，他说："不，不，夫人，你是我的。"1582年2月，阿朗松终于离开了英国。临行时，伊丽莎白写了一首诗，题目叫《先生之离去》。诗里诉说道："我感到悲伤，但不敢表露出我的不满；我爱，而又被迫让人以为我在恨；我行动，但不敢说我真心要如此做；我看来闭口无言，但内心里却喋喋不休。我是我，又不是我；我冻僵了但是又挨烫了，我变成了另外一个人。"从诗里看来，伊丽莎白处于极端矛盾的心理之中。阿朗松返回了法国控制下的荷兰。1583年，他回到法国本土。1584年6月，阿朗松因病去世，年仅30岁。这一年伊丽莎白女王已经51岁了。据说她知道阿朗松的死讯后，曾为他服丧，并且不避外人接连哭了三个星期。后来她每年都纪念阿朗松的忌日。

关于伊丽莎白女王和法国阿朗松公爵的婚事，是一个难解的谜团。阿朗松的确想跟伊丽莎白结婚，但是伊丽莎白却一再犹豫，一时要结婚，一时又不结婚，最后还是没有结成。然而有一点可以肯定的是，在所有候选的结婚对象中，阿朗松是最接近跟她结成的一个。两人之间的谈婚论嫁，前后拖延长达十年之久。伊丽莎白从三十大几谈到四十大几，从原先为得后嗣而找丈夫，一直谈到过了女性育龄期。从表面看来，伊丽莎白在后期真的动了情，真想嫁给阿朗松，最后由于宗教原因和国民的反法情绪而告吹。然而真相究竟是否如此，

伊丽莎白一世女王42岁时"标准像"

谁也说不清。造成伊丽莎白终身未婚的因素很多，我们在后面还要总起来讨论一下，关于阿朗松的问题，也许在那时能看出点端倪。

埃塞克斯伯爵

在伊丽莎白从中年走向老年的时候，一些比她年轻得多的朝臣走进她的个人生活。其中比较突出的有哈腾、罗利和埃塞克斯，而以埃塞克斯的故事最具戏剧性。

我们这里说的是第二世埃塞克斯伯爵。一世埃塞克斯伯爵跟夫人莱蒂丝·诺利斯生有一个儿子罗伯特·德佛劳，这个年轻人在父亲去世后成为二世埃塞克斯伯爵。

莱蒂丝夫人的外祖母是玛丽·波林，是伊丽莎白母亲安妮·波林的姐姐。这样，小伯爵就成了比伊丽莎白女王小两辈的表外孙。莱蒂丝在丈夫死后嫁给了深受女王宠信的莱斯特伯爵，小伯爵成为莱斯特的继子。二世埃塞克斯伯爵生于1566年（有说1565年的，也有说1567年的，我们取其中），比女王小33岁。他14岁从剑桥大学毕业，19岁从继父莱斯特出征荷兰，建立军功，从此出入朝廷，成为首席大臣伯利男爵的爱将，到1587年21岁的时候，接替他的继父做马务总管。次年他继父去世，女王把原来给莱斯特的甜酒专卖皇家特权转赐给他。

埃塞克斯长得不算漂亮，但是有一副男子气概，血气方刚，言行很情绪化，动不动就想跟人决斗。他从20岁时起和51岁的女王关系亲密，带剑入宫，挑逗戏谑，口无遮拦，不避男女之嫌。女王对他十分宠爱，但人们多半认为，母爱多于情爱。埃塞克斯喜欢上阵打仗，每每请战而女王总是阻拦。每次不得不放他出征的时候，女王都是牵肠挂肚。1590年，埃塞克斯跟大臣沃辛汉姆的女儿结婚，女王极其不悦。

埃塞克斯是个野心很大的人，但他多半是搞阳谋。伊丽莎白女王一贯重用的大臣是威廉·塞西尔，也就是后来位高权重的伯利男爵。伯利的政策比较稳健，跟埃塞克斯的激进态度经常相左。到了16世纪末，伯利和女王都老了，政策就更趋保守。伯利着力培养自己的儿子罗伯特进入政界，后来罗伯特在父亲死后接任女王的首席大臣。埃塞克斯就俨然成为少壮派的首领，态度也越来越肆无忌惮。1598年，在女王那里有伯利父子参加的一次会议上，由于自己的意见未被接受，埃塞克斯大发其火，对女王怒目相向。女王打了他脑袋一下，并且命令他出去接受绞刑。这本来带有戏谑的成分，但是埃塞克斯听后居然想要拔剑，结果被人拦下，悻悻而去，还说就是亨利八世这么对待他也不行。同年，他受命去爱尔兰平叛，结果他违令擅自和叛军首领泰隆伯爵谈和，签订了让女王极不满意的协定，受到军法审判。最后虽然没有获罪，然而在朝中地位从此一落千丈。他不甘心失权，便与一些贵族造反，要胁迫女王指定苏格兰国王詹姆斯六世为接班人，公开武装反叛，但没有获得民众支持。叛乱后受审，被处死刑。伊丽莎白女王悲伤万分，不忍下手。头一天通知推迟执行，第二天又不得已挥泪下令行刑。

关于女王跟埃塞克斯之死，有一段至今未能弄清的悬案。据说女王曾经给过埃塞克斯一枚戒指，让他在紧急时刻将戒指呈送女王，不论何罪均可获得赦免。一个版本说，埃塞克斯在被判死刑后，有人劝他把戒指送交女王，被他拒绝。另一个版本说，埃塞克斯曾在伦敦塔中设法托人将这个戒指交给近侍女王的某位贵妇，结果误交给了他的仇人，女王未能收到。再一个版本说，根本没有这枚戒指，整个故事是编的。英国作家莱顿·斯特拉契在他那本被人称为浪漫传记的《伊丽莎白与埃塞克斯》一书中，就认为这个戒指故事只是供小说用的谈资。他举出一些当时的人物和历史名家都不认为有这

伊丽莎白一世女王的宠臣罗伯特·德佛劳，二世埃塞克斯伯爵

英宫往事 ——三个女王的个人生活

今日伦敦舰队街西口的埃塞克斯街的埃塞克斯大堂,是四百多年前埃塞克斯伯爵府邸的旧址。1601年,埃塞克斯造反,这里便是司令部。原址早已多次损毁,最后一次损毁是在1944年二战期间,重建于1958年,现在是一个宗教机构的所在地。右侧对面带尖顶的建筑,是著名的皇家高等法院。

样的事作为佐证。然而笔者曾经看到有一处记载了维多利亚女王的谈话,在谈话中维多利亚提到了这枚戒指,她似乎也相信这个戒指是有的。在1939年拍摄的好莱坞电影《伊丽莎白和埃塞克斯的私生活》(又译为《江山美人》)中,这个故事被处理为伊丽莎白拒绝别人为埃塞克斯求情,实际上在等着他交上戒指来以便宽恕他;而埃塞克斯宁死不交,戴着戒指坦然引颈受刑。笔者窃以为这样处理比较合乎情理,也接近伊丽莎白和埃塞克斯的性格。至于历史的真相究竟如何,就只有天知道了。

第五章 都铎王朝的尾声

伊丽莎白老了

埃塞克斯一案对于伊丽莎白女王的打击绝非一般。

伊丽莎白的教子、朝臣哈灵顿在此案后给他妻子的密信中描绘了以下的情况：他在应召去见女王的时候发现，她不仅见老见衰，而且是死相已现。他说女王穿着打扮珠光宝气、金碧辉煌，目的是"让人不至于看出她老来"。她"涂抹的不止是脸，而且一直到脖子和胸脯，在某些地方足有半英寸厚"。（注：女王用的化妆品是白醋调和的铅粉。）哈灵顿说女王的牙齿是黑色的，而且少了一些，说起话来漏风，有的外国使节就抱怨听不明白。他见女王时倒没有这个问题，因为她嗓子发干、心神不定，说起话来都困难。在谈到爱尔兰平叛

油画：老年伊丽莎白一世女王。死神站在身后，天使取走王冠，女王快要死了。

的时候，女王手举空着的金杯，捶胸大哭。

哈灵顿说第二天他去见女王时，有一些朝臣应女王之召而进宫，女王见后就说谁让你们没有请示就来，将他们斥去。谁敢说"陛下是不是忘了"呢？女王显然已经有了糊涂的时候。

女王死后谁来接班的问题，这时就显得特别迫切了。在女王晚年，曾经有四个人曾被人们提到可能来接班。首先就是苏格兰国王詹姆斯六世，他是女王姑姑玛格丽特和苏格兰国王的孙女苏玛丽的儿子，第二个也是苏格兰来的阿贝拉·斯图亚特，她是玛格丽特再婚后的外孙女。第三个是比彻姆，是女王小姑姑玛丽的后代。最后一个是天主教徒们拥戴的，她是西班牙国王腓力二世的女儿伊莎贝拉。上面这些人各有支持者，都有巨大的利益在内。最后，詹姆斯六世当了英格兰国王詹姆斯一世，同时保留苏格兰王位。他是怎么来的呢？这就需要接着前面讲他的母亲苏玛丽。如果不提苏玛丽后来发生的事情，伊丽莎白的故事就不完整。

苏玛丽的厄运

前面已经说过，伊丽莎白的大姑玛格丽特嫁给苏格兰国王詹姆斯四世，生了儿子詹姆斯五世，儿子没有男嗣，王位传给了他女儿苏玛丽女王。苏玛丽先嫁给法国太子，后来当了法国王后，未几丈夫死了，她回到苏格兰做女王。1561年，她派大臣梅特兰到英格兰，要求伊丽莎白女王指定她为接班人。伊丽莎白回答说："我是跟这个王国结了婚的。"她指着自己的加冕戒指说："我总带着这个作为信物。""不管事态如何发展，我活着就是英格兰女王，等我死了，就让最有权利的人来接班。"梅特兰想尽办法来让伊丽莎白改变主意。女王对他说："我知道老百姓爱变主意。他们总是恨现政府，而把眼睛盯在接班人身上。这很自然，看日出的人总是比看日落的人多。"她回忆起当年玛丽在位时一些坏蛋如何看待她自己，现在他们的看法可能变了。她强调："一个王甚至连接自己班的子女都不能信任。"苏玛丽之不可信任就不在话下了。

苏玛丽在1565年又结婚了。这回是嫁给了她祖母玛格丽特再婚后的外孙达恩利。达恩利相貌清秀，颀长身材，就是没有胡子。他不甘心跟在做女王的老婆身后，于是就酗酒乱搞。不久苏玛丽有了身孕，

苏格兰玛丽女王42岁时的油画像

但是她冷淡丈夫，而跟自己的私人秘书、意大利音乐家里奇欧在一起。达恩利妒火中烧，在1566年3月率人闯入苏玛丽的饭局，要将里奇欧拖走。里奇欧拉住苏玛丽的裙子并用手枪指着她怀孕的肚子，结果寡不敌众，被拖至另屋杀死，而胎儿也就是后来的詹姆斯国王逃过一劫。詹姆斯出生后，他父亲达恩利给了他一吻，这一动作标志着父亲对新生儿子合法性的承认，对于詹姆斯从此具有父母双方的都铎王朝直系血统有着重要的意义。然而在1567年2月，达恩利的住宅被火药烧毁，他本人在附近被勒死。做这些事的嫌疑人是博斯威尔伯爵，苏玛丽在三个月后跟他结了婚，由此引起了信奉新教的贵族们的反叛。结果是苏玛丽遭到废黜，她13个月大的儿子登基做了詹姆斯六世国王，从此受的是新教教育。苏玛丽无处可去，在1568年南逃到英格兰。

苏玛丽的到来给伊丽莎白女王带来了难题。留下她吧，她会成为一些人特别是天主教徒的偶像，会成为他们用来取代女王本人的对象，会闹得英格兰很不安静；让她走吧，她可能跟一些外国，如法国和西班牙，勾起来入侵英格兰。亲戚有难来投，留下之后，既不能将她送进监狱，也不能任她行动自由，结果就是软禁，不是在一个地方，而是让她到一些深宅大院轮番居住。

苏玛丽来到英格兰之后，提出要伊丽莎白协助她返回苏格兰做

女王。伊丽莎白并不想帮这个忙，因为对自己没有好处。苏格兰方面要求把苏玛丽带回去受审，伊丽莎白也没有同意。结果就在英格兰开审苏玛丽和博斯威尔杀害达恩利案，由苏格兰的摄政做原告。这场审判最后成为没有结果的闹剧，控方没有获得进展回苏格兰去了，而苏玛丽也没有被判有罪但是仍然要处于"监护"之下，以后总有一些人想以拥戴苏玛丽为由头造伊丽莎白的反，都没有成功。到最后有一桩巴宾顿密谋把苏玛丽牵连了进去。伊丽莎白的首席大臣伯利男爵抓住这个机会要杀苏玛丽，女王既想同意又有顾虑，最后还是决定杀掉。1587年2月，在来到英格兰19年之后，苏玛丽被处斩首。几百年来，苏玛丽之死始终是苏格兰人一个解不开的心结，对她有着无限的同情。不管她过去在苏格兰做过什么错事，也轮不到英格兰来审判她。苏玛丽曾经说过："我不是英格兰人，你们怎么能判我叛国罪？"问题的关键恐怕就在这句话里。

女王走了 新王来了

自从1601年埃塞克斯死了以后，伊丽莎白的悲伤心情一直没有真正恢复过来。王军在爱尔兰的胜利和泰隆叛乱的剿平，让她一度高兴了一点。她还曾骑马和打猎，当然气势大不如前。喜欢跳舞的她再也没有下过舞池，只是在宫廷舞会上看看别人跳了。由于痛风病影响手指，她再也写不出那笔漂亮字来了。1603年2月，在一个表亲死了以后，伊丽莎白的心情特别悲伤。接着，她晚上睡不着觉。3月里，她嗓子出了问题，说不出话了。3月24日凌晨，女王去世。经历了118年的都铎王朝从此谢幕。

据说女王虽然一直不肯指定接班人，但是近臣们认为，她属意让苏格兰国王詹姆斯来接班。埃塞克斯伯爵早从1594年开始就跟詹姆斯建立了通信联系。伯利男爵的儿子罗伯特·西塞尔从1598年他父亲死后，也跟詹姆斯保持联系，据说是为了让今后的过渡更顺当一点。伊丽莎白女王一死，又驼背又矮的罗伯特就骑马奔赴苏格兰报信，枢密院和一些大臣宣布詹姆斯将要来英格兰即位。有的伦敦市民表示对于这个消息大家"深有期望，在静默中有着欢欣"。入夜后，点燃了篝火，教堂也鸣钟庆祝新王登基。

伊丽莎白的谜团

伊丽莎白一世女王一生总是带着点神秘色彩，有一些至今无解的谜团，比如：

她为什么不肯指定接班人？

她为什么不结婚？

她为什么说自己还是处女，是跟英格兰结了婚？

这些问题历经五百多年，多少代的英国人都得不出答案，我们怎么可能回答得出来！不过试着来探讨一下还是可以的。这几个问题其实都是有关联的，依拙见，都跟一个"权"字有关系。伊丽莎白在未登基前的25年里，能活过来实在是不容易。几上几下，生生死死，让她充分地认识到，没有权，其他都是白搭。在她做了女王以后，她的忧患意识极强。前面已经讲过，这是因为她的基础不牢靠。事情明摆在那里：她姐姐玛丽的母亲凯瑟琳出身高贵，是她父亲正娶的王后，而她母亲安妮外号"公用婊子"，是"小三"奉子成婚，强行转正。玛丽做了女王以后，马上给母亲恢复名誉，确认了父母婚姻的合法性，确认了自己的公主出身。伊丽莎白登基后，没有做什么事情来恢复母亲安妮的名誉，显然有胆怯的一面。那个时代的英国老百姓，虽然赞成亨利八世跟罗马教皇决裂，但是并不欣赏他休妻另娶。这就是伊丽莎白做女王的先天弱点。这样一来，不论英国国内还是国外，有大把的都铎王族可以说自己有比伊丽莎白更为优先做国君的理由。事实上，在几十年里，这样的事情层出不穷，让伊丽莎白防不胜防。因此，不论是指定接班人，还是结婚生子，都要

英宫往事 —— 三个女王的个人生活

伊丽莎白一世女王的接班人詹姆斯一世。他原是苏格兰国王詹姆斯六世，37岁时进入英格兰做国王，仍兼苏格兰国王。这是他20岁时的画像。

服从王位稳妥这个前提。所以，伊丽莎白在这些问题上都是浅尝即止，不敢轻试，等到实在找不到合适的对象的时候，就干脆说自己嫁给这个国家了。如果我们用上面的眼光来观察女王的种种作为，也许能够得到一点启示。

在结束对伊丽莎白生活的叙述时，还有一个谜团，读者也许会感兴趣。这就是：为什么迄今为止，人们找不到任何记载能够说明当时文学艺术最伟大的支持者伊丽莎白一世女王跟最伟大的诗人和剧作家莎士比亚曾经见过面？女王爱好看戏，喜欢各种形式的文艺活动，而莎士比亚在伊丽莎白时代早已是出众的演员和剧作家，两人都住在伦敦，为什么会没有见过面的记录呢？英国人遇事都爱有个反面看法，所以种种阴谋论盛行。到现在，还有很多人认为莎士比亚这个人是子虚乌有的。以他名义发表的剧本有人说是牛津伯爵写的，还有人说是弗朗西斯·培根写的。这里顺便再提一下说过"知识就是力量"这句名言的培根。培根在英国历史上的形象跟他在科学和思想方面的成就相比要打点折扣。他原来投奔过伊丽莎白的宠臣埃塞克斯伯爵，后者曾多次冒犯女王替培根求过官职，女王都不给，后来埃塞克斯出了大事，培根反戈一击，出来作证，揭发了伯爵许多问题。他的这种行为，颇为当时的英国人所不屑。的确，不论是以中世纪欧洲的骑士品格，英国的贵族绅士标准或是中国古时言必信、行必果、知恩必报的游侠精神来衡量，培根确实是差点意思。

至此，伊丽莎白一世的时代已经结束；我们的注意力也从落日转向了日出，请读者稍息片刻，来看即将揭幕的本书第二部吧。

第二部

维多利亚

1837年6月20日清晨六点，维多利亚被母亲叫醒，说是坎特伯雷大主教和内侍大臣肯宁汉勋爵两人来了，要见她。维多利亚穿着睡袍就去跟他们见面。见面后，他们口称『陛下』，跪吻她的手，向她报告说，老国王威廉四世已经于当日凌晨2时12分去世，她已经是女王了。

THREE FEMALE MONARCHS

第一章　跨越两个王朝

在第二部里，我们要讲维多利亚女王的故事。从伊丽莎白一世女王1603年去世到维多利亚女王1837年即位，中间隔了234年，经过了斯图亚特和汉诺威两个王朝。在讲维多利亚之前，需要先把这两个王朝交代一下。

斯图亚特和汉诺威两个王朝的共同特点，便是它们都是因英格兰王室后继无人，由域外的血亲入主而建立的。

斯图亚特王朝

苏格兰国王詹姆斯六世衮缘成为英格兰国王詹姆斯一世，开创了英格兰的斯图亚特王朝。这个王朝一共有过六个君主，从1603年开始统治英格兰和爱尔兰，同时兼任苏格兰君主，自1707年起，英格兰和苏格兰正式合并为大不列颠王国。1714年，安妮女王去世，斯图亚特王朝在英格兰111年的历史宣告终结。

在斯图亚特王朝统治期间，发生过三件值得大书的事情。第一件事是王朝第二代君主查理一世时英格兰陷入内战，查理在1649年被推翻斩首，出现了11年无君主时期，直到1660年他儿子查理二世复辟。这段历史人们叫它英格兰内战。由于不同的立场，有的人叫它大叛乱，有的人叫它英国革命。第二件事是英格兰在1688年发生的"光荣革命"。当时查理二世的儿子詹姆斯二世从新教改奉罗马天主教，而他的继承人女儿玛丽和安妮都笃信新教，因而以信新教为主的英国广大民众以为，今后只要新女王一接班，国家还会回到新教的道路上。然而在1688年，信天主教的王后为国王生了一个儿子，王储成为信天主教的，民众和议会就不干了。议会中的两党领袖联合起来，向詹姆斯国王的大女儿玛丽和她的丈夫荷兰王子奥兰治的威廉发出邀请，请他们来英格兰充当夫妇共主。威廉和玛丽接受了邀请，威廉带海陆重兵打进英格兰，詹姆斯国王逃到法国。威廉和玛丽继位，成为共治君主威廉三世和玛丽二世，还是斯图亚特王朝。1689年，议会通过了一份《权利法案》，规定了君主权力的限度和议会的权利，规定了在议会内的言论自由，规定议会要定期进行选举，向君主请愿不得受到报复，以及新教徒有权依法持有武器。所谓光荣革命是说通过和平的不流血手段，既换掉了国王，又促进了议会权利。其实这样说是美化了，说到底，还是"枪杆子里面出政权"。如果威廉的荷兰军队不打进来，詹姆斯的军队不吃败仗，王位能换主吗？

英格兰内战和光荣革命的结果，大大地削弱了英格兰的君主制。自那以后，专制君主制转变为议会君主制，最终成为内阁负责的立宪君主制。这个过程从13世纪演变到18世纪，花了这么长时间，很值得人们、特别是那些以为皇帝一纸诏书明天就能从专制变为立宪的人们思考。

在玛丽和威廉先后去世之后，玛丽的妹妹安妮于1702年接任女王，在位12年。1707年，英格兰、苏格兰决定合并，成立大不列颠王国（还是简称英国），安妮成为王国的第一任君主。爱尔兰成为一个在不列颠王权之下单独的王国。这就是斯图亚特王朝写在英国历史上的第三件大事。大不列颠王国是后来联合王国（1801年爱尔兰加入，成为大不列颠和爱尔兰联合王国）的基本框架，在此后的

300年里，以它为基础的大英帝国在世界近现代史上写下了浓重的一笔。1922年爱尔兰的主要部分独立成为自由邦，1937年成为共和国。现在北爱尔兰的局势平稳下来不久，苏格兰又在闹独立。真是"天下大势，分久必合，合久必分"啊。

安妮女王一生怀胎17次，成活五人，但是都在幼年夭折。1701年，鉴于威廉和玛丽没有后代，安妮也无后，议会通过了《1701年继承法》。此法排除了任何历代先王信奉天主教的后代继位的可能性，指定在威廉、玛丽和安妮之后由德国汉诺威选帝太妃索菲亚（詹姆斯一世国王的外孙女）来接班。1714年安妮女王去世，而索菲亚选帝太妃已于两个月前去世，她的儿子汉诺威选帝侯乔治·路易接替她成为英国国王乔治一世，开创了英国汉诺威王朝。乔治同时兼任汉诺威选帝侯不变。

汉诺威王朝

英国的汉诺威王朝也有六个君主：乔治一世到四世，威廉四世和维多利亚女王，统治时间从1714到1901年，总共187年。

乔治一世从汉诺威来到英国时，几乎完全不会讲英语。据说他随身带了18个厨子和一高一瘦两个情妇。他在汉诺威是专制君主，说了算；而在英国他得听议会的。他对这种状况极不满意，但又无法改变，只好任凭首相去主政，自己在晚年不时退居汉诺威，最后死于斯，葬于斯。乔治一世在位期间，英国确立了责任内阁的立宪君主制。

乔治的儿子乔治二世在1727年继位，在位33年。他跟他父亲关系不好，即位后又跟自己的儿子王储弗雷德里克关系不好。他最有名的特点是抠门儿。这和汉诺威王朝的多数君主和王子挥霍浪费的习惯大相径庭。他不爱读书看报，但也有雅名：创立了一些大学，有的还挂名当校长。美国南部的佐治亚州就是以他命名的。他喜欢以打牌和狩猎消磨时光，而与此同时，英帝国的势力大大扩展，斯图亚特王朝复辟的企图被粉碎，立宪君主制在英国继续巩固，所以他本人在国事上起的作用也是有限的。王储已先他而死，所以乔治死后由孙子接班，称乔治三世。

乔治三世活了82岁，从1760年起做了60年国王。1776年，英国在美洲的殖民地通过武装斗争独立，建立了美利坚合众国，乔治成为"丢掉美国的国王"。与此相对照，在欧洲的运气不错。1815年，以英国为主的联军在滑铁卢彻底打败了拿破仑，英国成为在欧洲大陆执牛耳的国家。在与议会的关系上，他一方面支持议会通过的政策和法律，另一方面在首相和主要大臣人选的决定上施加自己的影响，比后来的立宪君主要更为强势。他是英国少有的通过家庭教师受到全面教育的君主，不但受过人文教育，还受过严格的自然科学和社会科学教育。他与王后是包办婚姻，结婚那天才第一次见面，但是婚后两人从未传出过绯闻。他们生了九个儿子和六个女儿，给后来的维多利亚女王提供了这么多的伯伯、叔叔和姑妈。乔治三世患有两种似乎是一些汉诺威王族都带有的遗传病：一种是扑淋病，这是一种代谢病；二是疯癫。据说后者跟前者的存在有关系。近年来发现乔治三世的头发中含有大量的砷，又怀疑这是他疯癫的原因。乔治在晚年患疯癫时好时坏，到了1810年时就彻底疯了。他的大儿子小乔治做了摄政王。1820年，乔治三世去世，摄政王扶正，是为乔治四世。

第二章 天上掉下个馅饼来

乔治四世

乔治四世在他父亲登基后不久就出生了，一直熬到57岁才当上国王。那时人们的平均寿命不像现在这么长，在老国王临死前几年，人们在考虑接班人问题时，不仅要想到小乔治，而且要想到小乔治之后的事情。

所幸的是，小乔治有了一个女儿夏洛特公主。公主天资聪颖，出落得美丽大方，而且招了一个好女婿：德国萨克森—哥达—萨菲尔德（科堡）公国的利奥波德王子。双喜临门，公主婚后不久有了身孕，眼看第三代的接班人都要有了。然而天不作美，1817年冬天，公主在分娩时难产，不但胎儿没有成活，而且搭上了自己的性命。一时间，大英帝国的王位继承陷入困境。首先小乔治跟夏洛特的母亲卡洛琳分居多年，但是并未离婚，他们之间也不会再有合法子女可以继承王位。因此，小乔治身后的接班人，只有到他的弟弟妹妹那里去找了。

老国王乔治三世和他的王后夏洛特先后生了15个子女。除了乔治四世已经在位外，1818年老太后夏洛特死的时候，活着的还有六个儿子和五个女儿，然而这些人没有一个有合法的后代，最年轻的王子已经43岁，所有的公主都已经超过40岁，要他（她）们提供接续王脉的继承人就不那么容易了。

兄弟们

然而继承人总是得有的。于是乔治的弟弟们就逐个被挑出来研究。首先是三个已婚的王子：第一个是约克公爵，比乔治小一岁，那年54岁，他娶的是普鲁士的长公主，结合已经25年。约克风流成性，整夜不归，而公爵夫人又是个怪人，每晚睡觉不超过一两小时，喜欢穿戴整齐在屋里坐着。她养了足有40只狗，加上猴子、鹦鹉等等，煞是热闹。要让约克家出个王位接班人是不大可能了。第二个是坎伯兰公爵，46岁。他跟他夫人口碑极差，他有杀人嫌疑，还跟同胞姊妹乱伦；她夫人则涉嫌谋害前夫。他们夫妇在那年年初曾经生过一个女儿，是个死胎，对他们的指望也不大。第三个是萨塞克斯公爵，44岁，曾经娶过两任妻子，但都未经老国王同意，因此就是有了子女也不能参与继承。在未结婚的三个王子中，最年长的是52岁的克拉伦斯公爵，他曾经在海军中任职，是纳尔逊的好朋友。他跟一位演员同居20年，生有10个子女，几年前公爵突然离家出走，原因是他欠了一屁股债，想找个有钱的老婆好还清债务，结果是向七位有头有脸的女士求婚，都遭拒绝，无奈只得跟演员复合。1817年他侄女夏洛特公主去世，给他带来了新的希望。他在兄弟中排行老三，两个哥哥都无合法子女，他肯定可以排在他俩后面继承王位，而且他有十个非婚生子女，有朝一日事情起了变化，谁能说一定不会从这十人中挑出一个来做国王呢？后来他果然做了国王，也结了婚，不过没有合法后嗣。未结婚的王子中年龄最小的是剑桥公爵，当年43岁，没有什么绯闻，很会理财，是众王子中唯一不欠债的。然而他在同辈中年龄太小，排位靠后，自己继承王位或是让未来的子女做第三代继承人，变数还多得很。

肯特公爵和夫人

　　最后轮到的这位未婚王子是肯特公爵，50岁，相貌堂堂，威风凛凛，是位陆军里带兵的司令，有位相伴27年的同居女士。肯特公爵跟他大多数兄弟一样，家世地位没得说，欠缺的就是钱，过多的就是债。早在1815年，肯特公爵就说自己已经"半破产"。他给摄政王和首相写信，想借一大笔钱来还清债务，然后再分批归还这笔大债。但是这个计划和一些其他设想都没有成功。从这时起，债务的压力一直在逼迫他早日结婚，因为一经履行王室婚姻法批准的结婚手续，即使女方没有钱，议会也会增加他的收入，还说不定帮他解决债务问题。说来也巧，在一些亲事保媒不成之后，一个好机会来了。在他侄女夏洛特公主嫁到萨克森—科堡之后，正好她的小姑子维多瓦郡主新寡，是个合适的对象，于是夏洛特便为她的叔叔撮合起来。

　　开始的时候事情进行得并不顺利。主要问题是维多瓦子女的监护权问题。维多瓦郡主原来嫁给德意志莱尼根公国的公爵查尔斯，有一子一女，1814年查尔斯去世，爵位由年方12岁的儿子小查尔斯接班，维多瓦成为摄政。小查尔斯是莱尼根公国唯一的合法继承人，但是他父系中一帮没有合法继承权的亲戚有权对他进行监督和控制。一旦维多瓦再次结婚，这些人就可能把对小查尔斯的监护权从她手中拿走。这一情况使得维多瓦对于肯特公爵的求婚顾虑重重。但是夏洛特和她的丈夫不断给这个小姑子施加影响，终于使她作出表示：虽然还有"一些障碍"，但是她相信肯特公爵具有让女人快乐的品质，她能够在这一结合中获得想得到的所有幸福。然而就在这当口，嫂子夏洛特公主怀孕后难产，在1817年撒手升天了。

　　夏洛特虽然去世，这桩婚事还在继续酝酿着。这时肯特公爵的哥哥、英国摄政王乔治出面玉成，给了婚事强有力的支持。先

英宫往事 ——三个女王的个人生活

维多利亚女王的父亲肯特公爵

是传出话来说摄政王已经批准了这门婚事，他将会在正式宣布婚事后给德国当权的诸侯们写信，表明维多瓦的子女莱尼根的小查尔斯公爵和他姐姐费朵拉郡主都处于他的保护之下。在当时所谓的"头号宫廷"的威力作用下，所有的反对意见都烟消云散了。1818年1月，维多瓦郡主写信给肯特公爵道："先生……我的手属于你了。"接着德国巴登大公正式宣布，维多瓦在再婚后继续担任莱尼根公国的摄政。同年5月18日，肯特公爵和维多瓦郡主在科堡结婚。男的51岁，女的32岁。维多瓦的母亲在日记中写道，她对于女儿竟然对跟只见过一次面的男人结婚处之泰然而深感惊讶。希望她第二次婚姻能得到第一次所没有的幸福。

对于我们的读者来说，这桩婚事的重要性在于：正是由于有了它，才会有本书第二个主角，大英帝国的维多利亚女王。

肯特公爵夫妇婚后回到了英国。1818年7月13日，他俩又举行了一次英式婚礼。同场结婚的有肯特的王兄克拉伦斯公爵，这位52岁的公爵娶了一位25岁的夫人，她也是德国来的郡主。克拉伦斯后来接了哥哥乔治的班，成为威廉四世。

同年9月，维多瓦偕同夫君回德国娘家。11月，维多瓦发觉自己怀孕了。无独有偶，克拉伦斯公爵夫人身在德国，也有喜了。更有甚者，这时王子中最小的弟弟剑桥公爵已经去德国汉诺威当了摄政，也结婚了，而且夫人也有了身孕。兄弟三人的妻子都怀孕了，英国接班人的队伍就要壮大起来了。摄政王乔治针对肯特公爵有让夫人回到英国生产的打算，提出让维多瓦就地休息，以免旅途劳顿，发生危险。但是肯特不干。这时，在他嫂子克拉伦斯公爵夫人将要出生的婴儿之后，他自己夫人将要生的孩子是最重要的王位继承人了。他非得让这孩子在英国土地上出生不可。

在肯特的要求下，摄政王乔治派出游艇到法国港口加莱迎接，并在伦敦肯辛顿宫安置了公爵和夫人的住处。

就在1819年3月里，剑桥公爵夫人在汉诺威生了一个儿子，母子均安。第二天，克拉伦斯公爵夫人生了一个女儿，只成活了七个小时就死了。由于剑桥公爵排序在肯特公爵之后，他的孩子的排序自然也就靠后。克拉伦斯家的女婴没能活下来，要是克拉伦斯家再无后嗣，肯特家将要出生的娃娃就会成为英国王室第三代里的首位接班人了。

3月19日，肯特公爵夫妇从夫人的娘家德国的阿莫巴赫启程，4月24日渡海踏上英国土地。5月24日，公爵夫人维多瓦在伦敦肯辛顿宫产下一女。由摄政王作主，这个女孩起名亚力山德里亚·维多利亚，小名德里娜。长大后，公主自己决定就叫维多利亚，跟她母亲维多瓦名字一样（维多瓦是法文拼法），在当时，英国姑娘叫维多利亚的还真不多。

读者诸君看了上面这段叙述，就可知道，维多利亚最终当上王位继承人是何等的曲折，何等的不易。这里要特别提一下，她大伯乔治四世，在王后卡洛琳死后还在位了七年，不知怎的，他没有找个年轻的新王后结婚来传宗接代，而是吃喝玩乐找女伴，风流去了。她二伯父约克公爵，夫人跟他分居多年后于1820年去世，他本人没有再婚而于七年后去世，有几个非婚子女，他（她）们都没有继承权。她三伯父威廉四世，王后的年龄要比他的小一半，结果生了两个女儿都早早夭折，他虽然有十个非婚生子女，但是到最后也没有有权利接班的直系后代。所以对维多利亚来说，这王位真可算是好不容易从天上掉下来的一个馅饼了。

第三章 十八年的准备(1819—1837)

"肯辛顿体制"出笼

说来也巧,维多利亚出生后不到一年,她的父亲肯特公爵就去世了。好像上天给了公爵一个任务,让他提供一个王位继承人,继承人有了,他也就走了。公爵真的是不该死的,他多年的军人生活练就了一副好身板。他自己的说法是:"我的体格跟英国宪法一样健康。"(注:他在这里说的体格跟宪法是同一个英文字。)但是在1820年他得了肺炎,医生给他施用放血疗法,先后放了差不多6品脱的血,也就是3000多毫升。一个人身上总共也就有4000多毫升的血,放掉了这么多,离死也就不远了。公爵死后,过了些日子这个庸医也自杀了。

爸爸死了,维多利亚只有妈妈可以依靠了。肯特公爵夫人从里到外实际上还是个德国人。她

维多利亚女王的母亲肯特公爵夫人维多瓦

刚到英国的时候,根本不会英文,发表讲话要靠念拼音写的稿子。终其七十多年的一生,英语还是不大通,跟英国的亲戚们格格不入。她的思想方法死板执著,不那么灵活,好

今天的肯辛顿宫面貌

的一面就是认准了就咬住不放。公爵死后,她按照她和亡夫的既定方针,坚定地向着把女儿培养成为一个女王的目标前进。

　　肯特公爵夫人要把女儿培养起来,首先得有钱。公爵在世时,国家给他12000镑年金,但是这笔钱实际上用不上,都拿去还那些非还不可的紧急债务了,公爵死了,这笔钱根本就不发了。公爵结婚时,国家曾经给他另加了每年6000镑的补助,他死后,议会决定这笔钱还由公爵夫人和女儿接着拿。公爵夫人维多瓦的哥哥利奥波德是已故王位继承人夏洛特公主的未亡人,国家原来每年给他年金50000镑,在他妻子死后年金保持不变。利奥波德从这笔钱中每年提出3000镑补助妹妹。这样,肯特家每年加在一起有9000英镑收入。这个数目在普通人家是很了不起了,但是用来维持一个公爵夫人家,还是有点紧。1820年肯特公爵死后六天,他父亲乔治三世驾崩,长兄摄政王小乔治即位,成为乔治四世。乔治四世挺喜欢维多利亚,维多利亚也喜欢他,管他叫伯伯国王,但就是不愿意让他亲亲,因为这位胖国王脸上涂满油脂。1825年维多利亚六岁的时候,政府提出来要给她每年拨款4000镑,以改善她的状况。与此同时,政府打算给肯特公爵弟弟坎伯兰公爵的儿子乔治每年6000镑。肯特公爵夫人拒绝接受这4000镑,理由是维多利亚接班顺序先于乔治,而所得反而少于乔治。后来在议会讨论时,两人都给6000镑,公爵夫人这才接受。

　　公爵夫人建立了一个教育小公主的体制。这一体制远远超出智力教育的范围,其要点是动员一切所能动员的手段,在保证维多利

亚人身安全的前提下，将她培养成为一个有教养、有学识、听妈妈的话并任由妈妈塑造性格的王朝接班人。由于她们住在伦敦的肯辛顿宫，这一套做法被叫做"肯辛顿体制"。

实施这个体制的关键人物有四个：妈妈肯特公爵夫人、约翰·康罗伊爵士、莱曾女士和乔治·戴维斯牧师。这当中的核心人物是约翰爵士。

约翰·康罗伊爵士

要问维多利亚女王一生中最讨厌的人是谁？恐怕就要算这位约翰爵士了。约翰·康罗伊是爱尔兰人，少年从军。肯特公爵在1817年准备结婚，组建自己的贴身班子，康罗伊被吸收进来做军事副官，成为心腹。公爵死后，他又成为公爵夫人的私人秘书。肯辛顿宫是一所大建筑，其中住了好几位王族，公爵夫人的小姑子索菲亚公主一生未婚，也住在肯辛顿宫，康罗伊讨得公主欢心，也兼了她的私人秘书。公爵死后，康罗伊在公爵夫人家里掌握了从政治到财务、人事的全权，夫人对他言听计从。我们说肯辛顿体制要求维多利亚听妈妈的话和任由妈妈去塑造性格，这里的"妈妈"正确地说应当改成"康罗伊"。

康罗伊不断给夫人写备忘录和当面出主意，让她这样做、那样做，对待维多利亚也很粗暴。由于母亲听他的，未成年的维多利亚也没有办法。但在维多利亚成年后，康罗伊和公爵夫人要求维多利亚签字答应在她登基后让康罗伊作私人秘书，主管一切事务，公主死活就是不签。这既体现了维多利亚的坚强性格，又可看出康罗伊的野心和公爵夫人的盲从。曾经有人问过英国政坛的元老、在滑铁卢打败拿破仑的威灵顿公爵：康罗伊

约翰·康罗伊爵士。"肯辛顿体制"的策划者

是不是公爵夫人的情人？威灵顿说大概是的，并说维多利亚之所以厌恶康罗伊，大概是因为看到了母亲跟他之间的不雅场面。事实上，老公爵的说法只是一种推论，并没有直接证据。公爵夫人家里侍从仆役一大群，到处都是眼线，如果两人间真有此等情事，当时不说，后来也会揭露出来的。说康罗伊好话的人，当时和后来都不多，但是直到现在，没有任何人或文字能够证明确有这种暧昧关系。对于公爵夫人为什么如此信任康罗伊，至今没有一个有说服力的解释。要按公爵夫人哥哥利奥波德的说法，似乎是有某种巫术在起作用，也就是夫人中了邪了。

威灵顿公爵，曾在滑铁卢打败拿破仑，是维多利亚时代的元老重臣

莱曾女男爵

露易丝·莱曾本是德国汉诺威公国一个传教士的女儿，曾经做过几个德国贵族小姐的家庭教师。1819年12月，她35岁，维多利亚还不到一岁，她来到肯特公爵家做公爵夫人跟前夫生的女儿菲多拉的家庭教师，经常陪着菲多拉跟维多利亚一起散步，给维多利亚念故事书。1824年维多利亚五岁时，原来的保姆离去，莱曾就成了维多利亚的家庭教师。这种家庭教师不是通常意义上的教公主学习书本知识的老师，而是兼有保育员、保姆和精神导师的职能于一身的贴身侍从。不用很久，莱曾就成了对维多利亚既无限忠诚又施加巨大影响的一个人，维多利亚称呼她"我最最亲爱的莱曾"。由于莱曾没有贵族头衔，她不能陪维多利亚同桌吃饭。于是康罗伊通过索菲亚公主向她哥哥、身兼英国和汉诺威两国君主的乔治四世国王，给自己和莱曾搞来了两个汉诺威衔头：康罗伊被授予汉诺威骑士勋章，从此他就成了约翰爵士，莱曾则被封为女男爵。然而日子一

英宫往事 ——三个女王的个人生活

露易丝·莱曾女男爵，维多利亚女王的贴身教师兼保姆

长，莱曾尾大不掉，不但不跟着康罗伊和公爵夫人的指挥棒转，而且根据自己的判断，指导维多利亚对他们两人的意愿进行抵制。这样，随着维多利亚的成长，就形成了以莱曾和小公主为一方，康罗伊和公爵夫人为另一方的表面和睦而实际对峙的局面。康罗伊和公爵夫人恨不得马上就让莱曾走人，但莱曾得到先后两任国王乔治四世和威廉四世的信任，让他们奈何不得。

戴维斯主持下的课程

1823年4月，维多利亚快要满四足岁时，乔治·戴维斯牧师被任命为维多利亚的总教习，从26个英文字母教起。戴维斯还直接对公主进行讲经等宗教教育。慢慢地，各种课程陆续添加进来，牧师本人和他领导下的一些优秀教师分别教法语、德语、音乐、写作、绘画等，后来又加了历史、地理（包括用地球仪）、数学和自然等。举例说，维多利亚就学过金属、热的导体和非导体、毛细管作用、人体解剖等知识。她还念过四卷本的《英国法律评论》。她每天跟莱曾一起阅读当天的报纸，了解时事。19世纪时，英国的学校里重视所谓"古典"也就是希腊文、拉丁文，维多利亚不学希腊文，但学了拉丁文，不过成绩远不如现代语言。老师们教她的多是一些能够经世致用的东西。其结果是，在维多利亚登基后，曾有个殖民部的高官来觐见女王，这位高官古典语言都很棒，但就是不知如何从地图上找出新西兰来，而女王则能。女王的大臣们都会古典语言，但是说德、法、意语的能力极差，而她自己则能使用这些语言和外国君主和使节们顺畅地进行交流。维多利亚从小不是一个爱啃书本的学生，但戴维斯牧师显然很懂教育心理学，会实践柏拉图把学习和取乐结合起来的主张，把日程安排得很好，上一节课后玩几十分钟，让小公主保持对学习的兴趣。相比来说，跟维多利亚同年的王夫阿尔伯特在青少年时代给自己的规定是，从早晨六点学法语开始一直到晚上八点学拉丁文结束。难怪有人说，这就是为什么王夫的生命比女王要短一半的缘故。综合人们对维多利亚的语言能力的评价，我们可以说，虽然她母亲是德国人，英语说得并不太好，维多利亚本人的母语应当说还是英语，但她的英语语法到老也不是十分规范。对于她的德语能力，有的传记作者说她跟母亲说话时，有时英语词不达意而蹦出德语来，但她本人说没这回事，"在1839年（十岁）以前没说过德语，不准说"。她的法语口语比文字功夫好，而且没有外国口音，这是专门请了会去除外国口音的教师教出来的。

公爵夫人还要求给维多利亚上舞蹈课。她认为那样对小公主的身材和走姿会有很大好处。其结果是维多利亚虽然身材不高，但走起路来端庄典雅，备受好评。舞蹈课使天生喜欢跳舞的维多利亚十分兴奋，除了规规矩矩的四步舞，她还会跳不少种交谊舞和像玛祖卡那样的民间舞，但当时华尔兹是只允许她跟有王族身份的人跳的。年长了以后，她还把英国乡村舞复原后引进了宫。唱歌是维多利亚的另一长项。她从母亲那里遗传了唱歌的天赋，又经过了当时著名的歌唱家的指点，但是她喜欢意大利歌剧而不喜欢亨德尔的宗教音乐。如果生在现代，她很可能也会是个很酷的摇滚发烧友。

讲到这里，作为"肯辛顿体制"的关键部分，我们不能不提一下公爵夫人煞费苦心对小公主采取的严密保安措施。从出生到成年登基，维多利亚在18年里都跟妈妈住在同一房间里。在维多利亚上床而妈妈还没有进来的时候，莱曾必定在屋里寸步不离。公主下楼梯的时候一定要有人牵着手。从来不让公主只跟一个仆从在一起。男老师给公主上课的时候，一定要有女侍从在场。公爵夫人对人说她经常去听小公主上课，而维多利亚却说没有。小公主是没有玩伴的，公爵夫人不让女儿跟外人接触。维多利亚的伴，开始时是她的异母姐姐菲多拉，但这个姐姐比她大12岁，在维多利亚七岁时就嫁到德国去了。康罗伊的女儿跟维多利亚年纪差不多，总跟她在一起，但是小公主很不喜欢她。结果是，维多利亚的童年，直到她14岁，主要是跟玩偶一起度过的。她一共有132个玩偶，每个都有名字，穿着打扮各有不同，还各有各的故事，往往是取材于歌剧人物。总的来说，戒备的确是很严密的，而这样的戒备并非多余，英国宫廷和贵族的历史中，各色各样的人造意外层出不穷。接班顺序紧跟维多利亚之后的堂弟乔治和他父亲坎伯兰公爵的名声就不佳，他们是首先需要防范的人。

"肯辛顿"成绩大检阅

1830年对于小公主维多利亚来说是重要的一年。那年6月，乔治四世因病去世后，弟弟克拉伦斯公爵威廉继位，是为威廉四世，维多利亚随即成为第一顺序继承人，如果威廉的王后阿德莱德不再生养，维多利亚日后当女王就铁定无疑了。

然而就在这前后，肯辛顿宫里出现了不太平的情况。在威廉登基的前一年，肯特公爵夫人想要辞退莱曾和另一个已经跟了她25年的侍从史帕斯女男爵。未来的王后阿德莱德对肯特公爵夫人说，解雇史帕斯会引起大哗，而解雇莱曾则根本"不可能"，因为没法再找到第二个莱曾。公爵夫人还是一意孤行，解雇了史帕斯，后者不得不去德国找维多利亚的异母姐姐菲多拉来收留自己。喜欢推论的老帅威灵顿公爵认为，一定是因为维多利亚看到了母亲和康罗伊之间的什么事，告诉了史帕斯，后者不但不守口如瓶，反而去劝诫公爵夫人，这才导致了被解雇的命运。至于莱曾，由于跟前后两位国王关系都好，自己说话也谨慎，因此得以保留。1830年初，快要当王后的阿德莱德给肯特公爵夫人写信，要她远离康罗伊的影响。这些情况引起了公爵夫人和康罗伊的极大不满，使得这两人跟摄政王威廉本来就不好的关系更加紧张，他俩决定反击。

那年3月，肯特公爵夫人给伦敦主教和林肯主教写信，要求他俩亲自对小公主进行考试，来检验她接受教育的成果。考试在3月的第一周进行。两位主教对于考试的结果表示"完全满意"。他们认为像

维多利亚女王的前任、三伯父威廉四世国王的钱币铸像

公主这样小小年纪，无论对于圣经、历史和基督教义的了解，还是对于英国的编年史和主要历史事实的了解，都是很了不起的。对于地理、地球仪的使用、数学和拉丁文法，她的回答也令人满意。她的英文和拉丁文发音很正确。看来她对现代语言也下了功夫。虽然绘画不在考试范围之内，主教们还注意到公主用铅笔画画的能力已经超过了她的年龄。

就在这次考试之后，维多利亚知道了自己会成为王位继承人。对此，她并不高兴，反而哭了。莱曾劝她说，你的伯母阿德莱德（未来国王威廉四世的夫人）还年轻，她可能自己会有孩子，那他们就会去接自己父亲的班。但是公主的母亲肯特公爵夫人却跟女儿的想法不同，她在快到3月底时给英国国教的精神领袖坎特伯雷大主教写了封信，述说自己培养维多利亚多么不易，还附上了所有的试卷和两位主教的考评结果报告。大主教深为所动，4月初，他接见了公爵夫人，并且说这些是带有国家重要性的文件，由教会保管起来。

公爵夫人和国王持续过招

公爵夫人采取措施让国家的上层了解她和维多利亚，这个做法

完全可以理解。如果她到此为止,也就没事了,但公爵夫人和在她幕后的康罗伊大概不懂我们中国人说的"县官不如现管"的道理,在威廉四世登基后,他俩居然跟国王不断公开顶牛。譬如说,国王在跟阿德莱德王后结婚前,曾有过十个非婚生的子女,王后很厚道,她接纳了这些子女,且以礼相待。然而肯特公爵夫人以很不屑的态度对待这些子女,不跟他们在同一场合出现,这使国王极为恼火。威廉国王和王后一直很喜欢维多利亚,也愿意让她做继承人,但是出于对公主的母亲的不满,国王在1831年加冕时准备让维多利亚走在她叔叔们的后面。这的确不合对待第一顺序继承人的礼数,公爵夫人抓住了这一点,拒绝出席威廉四世的加冕仪式。小公主对于不能参加加冕仪式深感失望,但她除了流流眼泪,也没有别的办法。

从1832年开始,维多利亚在母亲带领下,每年到各地去巡游几个月。她母亲的意图是:通过旅行让未来的女王结识一些地方豪绅,在民众面前展示小公主的风姿和让小公主亲自了解一些民情。这样做是为了给公主将来继位打下基础。在巡游开始的时候,维多利亚收到妈妈给她的一个日记本,妈妈让她把旅行中看到的东西记录下来。这类公开巡游活动,加上媒体的渲染,显得过于张扬,招致了威廉国王的不满。例如,当公主在港口登上舰船时,要鸣放礼炮,国王指示要有所节制,但是被置若罔闻,结果国王下令除国王和王后上船时外,一律不得鸣放礼炮。由于国王年老体衰而小公主还没有成年,万一国王驾崩后未成年的公主登基,那时该由谁来担任摄政

维多利亚16岁时的自画像

直到小女王成年亲政呢？肯特公爵夫人要求指定由她来摄政，而国王不同意。较量的结果是，议会通过了由公爵夫人摄政的决议，这是因为如果不由夫人来干，摄政的位置就要落在公主的叔叔、当时已经担任汉诺威君主的坎伯兰公爵身上，而公爵因其劣行臭名昭著，很不受欢迎。

公爵夫人和威廉国王的梁子越结越深，直到1836年终于来了一个大爆发。事情是由肯辛顿宫里的房子引发的。肯辛顿宫是王权所有的，肯特公爵夫人和小公主、萨塞克斯公爵，以及索菲亚公主这些国王的弟弟家和妹妹家，都是国王让住在里面的。但是这一年，肯特公爵夫人在未经国王同意的情况下，擅自又占用了宫里17间房子，国王大怒，借着自己过生日的机会作了一番总的发泄。他在庆祝生日的宴会后祝酒时当着王亲国戚和众大臣的面说："我求上帝再让我活上九个月，在那以后，如果我死了，就不需要有摄政了。我将在那时满意地把王权留给那位小姐（他用手指着维多利亚）——王位的继承人——来亲自运用，而不是交给我旁边的这个人。此人被邪恶的顾问们所包围，自己也没有能力在所在的位置上妥善行事。我要直截了当地说，我受到了此人严重和不断的侮辱，我已经决定不再忍受对我如此不敬的行为。我特别要批评不让这位小姐跟我的宫廷接近的做法。公主一再地被阻止到我的接见厅来，而她本应该经常到的。我已经决定不再让这种情况发生了。我要让她知道我是国王，我决心要让我的权威受到尊重，今后我坚持和命令公主要在朝廷的各种场合出现，因为这是她的责任所在。"

"肯辛顿体制"的结果

公爵夫人跟国王顶牛的做法当然不对，而国王在大庭广众之下如此说话也颇不得体。在这以后，宫中经历了一段沉默期，双方都没有什么动作。接着，迎来了关键的1837年，这年5月24日，维多利亚18岁整,成年了。公爵夫人摄政无望,威廉国王也遂了心愿。而最焦急的是约翰·康罗伊,他指使公爵夫人向维多利亚提出要求,答应在她登基以后任命康罗伊做她的私人顾问,主管一切事务。对于康罗伊和母亲的强大压力,维多利亚进行了坚决抵制,就是不从。这时的维多利亚已经下定决心,一旦继位,就要彻底甩掉康罗伊,并且不让母亲再插手自己的事。出水方看两腿泥。苦心经营多年的"肯辛顿体制"见成果了,它培养出了一个有一定学识、有智慧、更有主见的维多利亚;对公爵夫人来讲,有了一个前途无限的女儿,但是搞坏了自己跟她的关系,也满足不了提携康罗伊的愿望;至于这一体制真正的策划者康罗伊,则是野心成为泡影。"机关算尽太聪明,反误了卿卿性命。"

第四章 阳光明媚的二十四年（上）
（1837—1840）

杜鹃初啼

1837年6月20日清晨六点，维多利亚被母亲叫醒，说是坎特伯雷大主教和内侍大臣肯宁汉勋爵两人来了，要见她。维多利亚穿着睡袍就去跟他们见面。见面后，他们口称"陛下"，跪吻她的手，向她报告说，老国王威廉四世已经于当日凌晨2时12分去世，她已经是女王了。多日来一直等待尘埃落定，这一刻终于到来。这一天，维多利亚刚过完18岁生日不到一个月。

接着，小女王跟她三舅比利时利奥波德国王给她派来的智囊德国人斯多克玛男爵一起吃早饭，听听男爵的告诫。饭后她接见了首相墨尔本勋爵。威廉四世在病危时曾派人绕过她母亲向维多利亚传达他的遗言，要她继续让墨尔本和他的内阁干下去。她三舅利奥波德也认为墨尔本可靠。因此君臣双方很快就进入了各自的角色。

然后女王需要做的是跟全体枢密院成员见面。这个总数为85人的团队，包括了国家宗教和世俗两方面最有影响的重臣。维多利亚面对他们进行了照例的宣誓，并宣布任命兰斯多恩侯爵为枢密院主席。

至此，新女王继任第一天的公事就结束了。这一切活动都是

英宫往事 ——三个女王的个人生活

19世纪油画：老臣报信跪吻

在没有母亲陪伴下进行的。维多利亚还下令，今后她要住在自己单独的卧室里。当晚她做了她一生中很少有的事情：独自进了晚餐。新女王的独立性开始明白无误地显现出来。不久，她自己搬进了白金汉宫。老国王不喜欢这个宫，曾想把它处理掉。维多利亚是第一个把白金汉宫作为在伦敦的住所的君主。她搬进来后，彼此离得远，母亲对她的影响就更小了。

对于母亲肯特公爵夫人来说，由于坚持要按康罗伊的指挥棒行事，她养成了一个女王而等于失掉了女儿。康罗伊当然知道大势已去，就寻找后路：他悄悄地给首相墨尔本递了一个纸条，历数他对肯特家的"功劳"，要求以授给贵族爵位和退休年金来换取他的离去。经过长时间的讨价还价，康罗伊拿到了年金，但是爵位没有，他终于悻悻地走了，出了国。他的离去也为日后维多利亚和母亲的复合铺平了道路。

"墨尔本太太"

维多利亚作为一个年轻的新女王，急切地需要有人给她参谋和引导，这个重任自然地落到了墨尔本勋爵身上。墨尔本一方面受到了老国王和利奥波德舅舅的推荐，另一方面他自身也具备了主客观条件。他是英国政坛的老将，经验丰富而不张扬。同时，他也有时间经常陪伴女王。当年他57岁，曾经有过不幸的婚姻经历，他原来的太太跟诗人拜伦的出轨事件曾闹得沸沸扬扬，后来他的太太和儿子都死了，他一直鳏居，所以即使身兼首相和女王私人秘书两职也用不着下班后忙着回家。他除了白天跟女王见面几个小时外，还经常陪女王吃晚饭，谈话内容从世事国事到女王私人生活无所不包。女王对他越来越倚重。

当时议会中的两个大党，一个是辉格党，另一个是保守党，也就是原来的托利党，而辉格党的领袖就是墨尔本。维多利亚的父亲肯特公爵一直是坚定的辉格党，维多利亚当了女王，她仍然倾向辉格党，她个人的全部女侍都是辉格党人的家属。就在她登基后不久，英国举行了大选，辉格党失利，保守党应运组阁。这时保守党提出，要女王吸收保守党人的家属当女侍。女王坚持己见，说一个都不能换。在此情况下，保守党只好放弃组阁，让墨尔本继续留任。维多利亚认为"正合朕意"，这样她就可以继续得到墨尔本的帮助。这个"寝宫女侍事件"刚完，接着又出了一个"黑斯廷斯小姐事件"。事件起因于女王母亲的秘书黑斯廷斯小姐，她是保守党人的家属，被发现肚子鼓了，经检查，大夫说是怀孕了。但是小姐并未结婚，本人也坚决否认有怀孕的可能，然而流言不断，并说怀孕是约翰·康罗伊所造成。维多利亚本来就因黑斯廷斯小姐属于康罗伊和母亲一党，乃是自己心腹莱曾女男爵的死对头而对之不满，这时她也认同这种看法。结果最后证明黑斯廷斯小姐乃是处女，肿块实系肿瘤并因此而死亡。这一来家属不干了，舆论也大哗。上面两件事让本来受到全民爱戴的新女王声望大降。老百姓认为辉格党和墨尔本难辞其咎，当女王出现在公开场合时居然大喝倒彩，管她叫"墨尔本太太"。而维多利亚则很镇定，并未因此而陷入消极。上面这两件事是维多利亚一生中所做的最具负面影响的事，它们既反映了新女王少不更事、不知慎行、不懂妥协的弱点，也表现出她坚韧的性格，而后一点却又是一个大国君主所不可或缺的品质。

英宫往事 ——三个女王的个人生活

"最最亲爱的阿尔伯特"

  女王的近臣们琢磨，要想让女王恢复原来的声望，最好的办法莫过于给女王操办婚事了。英国人对于王室婚姻的兴趣，我们从2011年威廉王子的婚事就可以充分领教了，何况这是170年前在位小女王的大婚呢！

  这年维多利亚正好20岁整。关于她的婚事，早就有不少人惦记着了。由于当时英国王室来自德国汉诺威的历史原因，百多年来汉诺威选帝侯是由英国国王兼任的，但是汉诺威施行日耳曼萨利克继承法，女性不得担任国君，于是这个位置就只得由她叔叔坎伯兰公爵去干了。坎伯兰想让自己的儿子、也就是维多利亚的亲堂弟乔治跟她结婚，这样日后好让自己的后代重新兼任两国君主。坎伯兰的如意算盘受到小女王的坚决抵制，她对乔治讨厌透顶，这事只得作罢。老国王威廉四世在世时，倾向于让维多利亚跟荷兰王子威廉结婚。他特别不愿意让维多利亚姥姥家的孩子跟她结婚，认为已经有了一个利奥波德娶过他自己的女儿夏洛特，他再也不想让这些德国科堡人又来英国王室淘金了。然而这时老国王已经去世，管不了维多利亚的事了。

  其实，维多利亚早就有了娃娃亲。她是在5月里出生的，所以家人昵称她"五月花"。同年8月，她的大舅恩斯特得了二儿子阿尔伯特。她姥姥看着这个小孙子说，你就是挂在那个五月花脖子上的胸坠儿。在她姥姥家里，这门娃娃亲不是秘密，她母亲和几个舅舅都想促成这对表姐弟的好事，不过维多利亚本人还蒙在鼓里。

  阿尔伯特在成长过程中跟维多利亚并没有见过面。但是他从小就知道，小表姐维多利亚将是他未来的妻子。他家里对他悉心培养，让他受到当时最好的教育，其中最热心撮合的便是三叔（维多利亚的三舅）利奥波德。

第二部 维多利亚

早在维多利亚17岁那年,阿尔伯特和哥哥恩斯特一起来到英国,在肯辛顿宫住了三个星期,表姐弟之间留下了很好的印象。但当时两人年龄还小,老国王又反对再跟科堡人结亲,对于婚事并没有明确的说法。阿尔伯特和哥哥离去后,哥俩前往比利时等处游学。第二年(1837年)维多利亚18岁,老国王去世,她接了班,一直忙于学习怎样做女王,顾不上谈婚事。

到了1839年,表姐弟俩都到了20岁。阿尔伯特对三叔利奥波德说,跟维多利亚的婚事不管成不成,一定要很快做个决断,要不然好新娘就都没有了。那年4月,维多利亚跟墨尔本首相细谈了结婚问题。女王说阿尔伯特的父亲要他跟她结婚,但她认为如果不再见见面这事没法定。首相表示,表姐弟结婚不是好事,这些科堡人在外面又不受欢迎,俄国人就恨他们。女王跟首相掐着指头数了一下还有什么合适的人可以做结婚对象,结论是没有。女王说她反对结婚,首相说这将是一种大变化,既是政治上的又有关自己的幸福。维多利亚说阿尔伯特非常好,但是比她年纪小。首相说阿尔伯特的好处在于他不是他家的继承人。他认为外国人在英国不受欢迎,而嫁给本国人又会引起旁人嫉妒,再说一家子都是英国人平起平坐也不好。维多利亚感到有点烦,她说"三四年内非得结婚吗?我谁都不想嫁"。

然而这时的维多利亚已经成长起来,开始对男性有兴趣了,俄国皇太子来英国访问,这个英俊的小伙子对维多利亚就颇有吸引力。1839年10月的一天,阿尔伯特和哥哥恩斯特第二次来到英国。在为他们举行的舞会上。维多利亚深深地被阿尔伯特所打动,她描绘道,他"特别英俊,如此好看的蓝眼睛,精致的鼻子,带着细巧小胡子的漂亮嘴巴,体型帅气,肩宽腰细"。很快,小女王就坠入爱河。原来她跟首相议论时的种种疑虑也都抛诸脑后。三天之后,维多利亚决定嫁给阿尔伯特,并告知了首相。由于阿尔伯特不是国王级的人物,他没有资格向女王求婚,必须倒过来由女王求婚。于是,转过天来维多利亚让阿尔伯特来见她。据她自己叙述,"我跟他说他一定知道我为什么找他来。如果他能同意我所希望的,我就再高兴也没有了。我们两人彼此相拥,他是如此体贴,如此关爱。我跟他说我很配不上他……我的确认为这是我一生中最快乐的时刻……我感到我是最幸福的人"。求婚成功了。

阿尔伯特在几星期后离去,回德国等待大婚。他充分认识到,"我未来的位置将会有某些阴暗面,我头上的天空也不会总是蔚蓝无云的"。

1840年1月,女王和首相又谈到阿尔伯特。维多利亚说阿尔伯特对别的女人兴趣很淡。首相说如果总这样当然好,但不会总这样的。对此维多利亚表示异议,年轻的女王在这里替自己心爱的人说话了,后来的事实证明,她的判断没有错。

女王大婚

婚约定下来以后,按规矩维多利亚需要向枢密院知会这事。年轻的女王独自一人在会上向这帮元老重臣宣布了她的打算。她沉着镇静,脸上略泛红晕,老头们颇感她的不容易。

经过几个月的准备,终于要大婚了。在此期间,未婚夫妇俩几乎每天都要给对方写信,诉说衷肠。1840年2月,阿尔伯特重返伦敦。时人讥曰:

1840年(正好是闰年)英国一幅题为"闰年"的漫画:维多利亚求婚。两人左上方的文字为"阿尔伯特,你愿意跟我结婚吗?"

"我是个刚来的德国人,从德国到英国来跟你们的女王结婚,路费是人家给的。我爹是个公爵,我自己是个做香肠的。我穿得破破烂烂,来自脏得要死的国家。我跟英国女王结婚,我的名字是阿尔伯特。"

婚礼于2月10日在离白金汉宫不远的圣詹姆斯宫的皇家教堂举行。这个教堂非常小,只能容纳很少的人。维多利亚由六叔萨塞克斯公爵陪同,以替代她已故的父亲送她跨出人生的一大步。婚礼结束后,新人们回到白金汉宫,宾客们随即陆续到来。婚庆蛋糕重300磅,宽9英尺,切开后被分送到各地。

蜜月是在温莎堡度过的。维多利亚在日记里记下了自己新婚之夜的闺房之乐:"我从未、从未度过这样一个夜晚。我最亲的、最亲的、亲爱的阿尔伯特坐在我身旁的一个脚凳上,他那无穷的爱意和关怀让我沉浸在天堂般的爱情和幸福之中,这是我过去从来未曾想要感到过的。他用双臂抱住我,我们彼此没完没了地相吻。他的美、他的可人和温柔——竟然有这样一个丈夫实在是让我表达不完感激之情。"

第五章　阳光明媚的二十四年（下）
(1840—1861)

～～ 琴瑟调和 ～～

维多利亚结婚了，从此她的生活展开了新的一页。现在我们把她跟夫婿来做一些有趣的比较：

维多利亚	阿尔伯特
身高150厘米以下	身高180厘米左右
性子急　情绪化	性沉稳　理性化
依靠常识和情绪迅速作出判断	有理论有分析反复掂量利弊再定
算不上知识分子	有学识有教养的知识分子
不喜欢生孩子	不为情绪所左右
但是喜欢大一点的孩子	喜欢婴儿

从上可以看出，这对姐弟恋彼此的个头儿相差很大，性格反差不小。这种性格反差如果处理妥当，可以互补，甚至相得益彰；如果处理不当，那就苦了。所幸的是这两人间出现的是前者。场面往往是维多利亚遇事（并非针对丈夫）情绪激动、大喊大叫，甚至跺脚，而阿尔伯特则默不作声。沉一会儿，事情就过去了。然而这样

第二部 维多利亚

一来,维多利亚的情绪得以宣泄,所以她没有压抑感,阿尔伯特则不同,他处处得顾全大局,逆来顺受。所以后人也有评论说,终其一生,阿尔伯特再爱妻子和家庭,内心也并不快乐。他比妻子早死40年,恐怕也不无这方面的缘故。

然而两口子还是琴瑟调和,生了九个子女,个个长过成年。老大长公主维多利亚,嫁给德国皇帝威廉一世的侄子、唯一的皇位继承人弗雷德里克·威廉,后来做了德国皇后,但她丈夫在即位后不久就死了,把皇位传给了儿子威廉二世,也就是打第一次世界大战最起劲的那个德皇。长公主在智力上是兄弟姐妹中最出色的,也是父亲最宠爱的。老二阿尔伯特·爱德华(下称爱德华)是太子,喜欢放任自由,不爱读书,他跟父亲阿尔伯特的脾气秉性正好相反,因而不让父母喜欢。他到60岁母亲去世后才当上国王,此前根本无缘过问国事。这个国王待人接物口碑不错,只是在位九年就驾崩了,当今女王伊丽莎白二世是他的玄孙女(第四代)。老三爱丽丝公主,嫁给德国赫斯大公,她是俄国末代沙皇皇后的母亲,当今英国王夫菲利普亲王是她的玄外孙。老四阿尔弗雷德是第二个儿子,先当海军,后来按约定去父亲老家德国科堡接伯父的班做了公爵,在位七年后于1900年去世。老五海伦娜公主嫁给了德国石—荷公国公爵。老六露易丝公主,自由恋爱嫁给本国人阿盖尔公爵。老七亚瑟,当了加拿大总督,二战中去世。老八小儿子利奥波德,很有文才,但是得了母亲传下来的血友病,英年早逝。老九比亚特丽丝公主嫁给了德国巴登堡公爵,她丈夫入赘英国王室,夫妇俩一起陪伴老女王,不幸的是,公爵从军得病早死,比亚特丽丝自己为母亲养老送终,母亲死后活了43年才去世。

维多利亚女王和长女维多利亚公主(长大后成为德国皇后),摄于1844—1845年,据说是维多利亚最早的照片,由王夫阿尔伯特收藏。

英国（以及有些欧洲国家）宫廷有一个有趣的习惯做法，每当君主有后嗣出生时，必定有几个元老重臣到场，他们聚集在与王后产房相连、门户半掩半开的隔壁房间里，婴儿出生后，由护士抱过来让枢密院的这些重臣们过目，以见证出生的后嗣是真实可靠的。维多利亚作为女王，生起孩子来也是这样，不过有点让她难堪的是，产后没有几天，她就又得面对这些大臣商议国事。这种做法也适用于亲王家。

在女王夫妇九个子女的婚姻大事中，他们两人共同见证的只有一次，这便是长公主出嫁，其他子女办婚事的时候，阿尔伯特已经去世。长公主维多利亚出嫁，俯视天下的维多利亚女王坚持德国皇位的继承人弗雷德里克·威廉必须到英国来举行结婚仪式，而不是相反。她给外交大臣写信说："不管德国王子们的习惯做法如何，跟英国女王大女儿结婚的事不是每天都有的。这个问题就这么定了。"结果，德国人不得不照此办理。从这件事可以看出维多利亚的王气。她的确是一个很有气概的君主，有人把她和法国路易·波拿巴的王后做比较：法国王后就座时总要环顾一下，看看身后是否有椅子，而维多利亚则从来不看，直接就座，因为她深知一定会有人把椅子给她预备妥了。

维多利亚婚前不喜欢跟男人交谈，主要原因是她认为自己学识不足，害怕在谈话中露怯。有鉴于此，阿尔伯特在婚后致力于扩大妻子的社交圈。女王夫妇本来对于唱歌和画速写有着共同的兴趣，这时阿尔伯特就邀请艺术家、文人和科学家进宫来。1842年，音乐家门德尔松就曾被邀访问白金汉宫，女王夫妇跟他一起弹琴唱歌。女王夫妇还一同访问牛津和剑桥大学，王夫被两校授予荣誉学位。阿尔伯特还从1847年起担任剑桥大学校长，在1850年代对剑桥进行了一系列的改革。

女王夫妇两人都是戏迷，经常去看戏和听歌剧。光是1860年2月的一个星期就去了四晚。夫妇俩有时还微服出行，有一次他俩带了几个随从，以丘吉尔勋爵和夫人的名义在苏格兰旅行，住在小旅馆里，颇有点享受二人世界的意思。

夫妇两人在一起，不只是享受爱情，也共患过难。1840年怀着长公主时，维多利亚和阿尔伯特坐马车去肯辛顿宫看望母亲，路上遭到枪击，一共两发，其中一发枪口离女王只有六步之远，幸而未中，刺客是一个精神病患者。终其一生，维多利亚总共被刺七次。其中阿尔伯特活着的时候有过五次。所幸都化险为夷。女王还真不是那么容易做的。

上门女婿难做

维多利亚婚后一直为丈夫的名分而苦恼。由于阿尔伯特的出身是德国一个小邦公爵的次子，在外国君主林立的宫廷社交场合排不上个儿，在德国尤其如此。只有法国国王路易·波拿巴对他以君主之礼相待，让维多利亚挺高兴。1856年，女王终于下决心来解决这个问题了。她说，按说应当给他以跟自己相同的称号，但名义上的国王对英国来说完全是个新东西，对于有了这个衔头的人，坏处多于好处。因此在考虑了将近16年之久之后，女王决定给丈夫和以后所有女王的丈夫以"王夫亲王"的名衔，一劳永逸地解决问题。为了不跟议会在这件事上多啰嗦，维多利亚在1857年7月自己下诏赐衔。当今女王伊丽莎白二世的丈夫菲利普，也因此有了这个衔头。

早在婚礼之前，女王曾经跟首相商量过婚后阿尔伯特的日子如何过法。她认为，虽然是给女王当倒插门女婿，然而一个男人总得有自己的天地。一开始，政府提议给阿尔伯特亲王5万英镑年金，这是一仍三百多年前给"血腥玛丽"女王的西班牙丈夫腓力的旧章。但是拨款权掌握在议会手里，那里的保守党抓住这个机会跟女王捣乱，把年金砍掉一半，最后给了阿尔伯特每年3万英镑。维多利亚心疼未婚夫婿，她说亲王的处境够不好受的了，要自己去跟他们讨价还价会把事情搞得很难堪，我不干。她说给女王丈夫的比给国王老婆

英宫往事 ——三个女王的个人生活

23岁时的王夫阿尔伯特亲王

的还要少，太不公平了。当时设计的是，婚后女王和王夫各有自己的一个家，独立运行，这在实际上行不通，后来这"一宫两府"也就成了名义上的了。

阿尔伯特攀了高枝，难做人啊。首先他老家就不让他消停。他爸爸、科堡的老公爵恩斯特对他说，现在人们称呼我"尊贵殿下"而不是"皇家殿下"，你得给我办办这个称呼。这件事让阿尔伯特挺为难，一直拖到他老爸1844年1月去世才给换了这么个称呼。他老爸又跟大儿子小恩斯特说，你弟弟讨了一个有钱的老婆，他得给我弄一笔年金。这事让阿尔伯特实在不好办。他哥哥更是让他头疼。小恩斯特来伦敦访问，寻花问柳，见东西就买，临走欠下一屁股债，都得阿尔伯特去还。阿尔伯特写信给哥哥说，你要是总这么干下去，我就该进法院了。

老家不断添麻烦还远远不算，更要命的是，不管阿尔伯特表现多好，英国人总是认为这个德国人来入赘没安好心，这还是在不完全知道真相的情况下。他们编排他说："她可爱，她有钱，婚后是她穿裤子。"他们说错了。在英国话里，家中穿裤子的人就是掌权人，而在女王家里，女王可以发脾气，耍性子，但真正掌权的人是王夫，而且还掌得不错。

王夫理政

阿尔伯特是天生的劳碌命。作为女王的上门女婿，他的工作总起来说可以分为几大块：协助女王理政；主持家政理财；教育子女；参加社会活动。下面我们分别来看一看。

协助理政。到了19世纪中叶的维多利亚时代，英国的君主制早已属于立宪的了。行政权在内阁手里，大事还得通过议会，拨款权也由议会掌握。还有个枢密院，虽然只有咨询权，但时不时也要来过问过问。一个通俗的说法是，立宪君主的职责有三：一咨询，二鼓励，三提醒。也就是说，当实际执政的人来问时提供咨询意见，对做得好的和不好的打打气，看到问题提提醒。一句话，名义上当家，实际上不主事。比较明确的规定是，凡是有关外交的来往函电等文件要送女王阅知，对外用女王的名义。从1840年结婚到1861年王夫去世，维多利亚夫妇在一起一共生活了21年。这当中从1840年底长公主小维多利亚出生到1857年小公主比阿特丽丝呱呱落地，维多利亚女王在17年里生了九个孩子，而在头四年里就生了四个。女王有多少时间专心理政呢？这时王夫阿尔伯特的重要性就充分显现出来了。

开始的时候，维多利亚是不让阿尔伯特参政的。墨尔本首相曾劝女王让王夫阅看呈送给她的外交文件，但女王不同意。然而在长公主出生的第二天，女王躺在床上什么也干不了，首相就让把装外交文件的匣子送给王夫，说他手里有开匣锁的钥匙，从此，阿尔伯特就处理起外交文件来了。他很快就写信告诉他哥哥恩斯特，说维某的政事他也管了。

照说女王没有实权，但是后来的实践表明，女王和王夫阿尔伯特不愿意当名义上的元首，他们总是想法施加影响，打点擦边球。他俩经常过细地过问外交和殖民事务，提出自己的意见，在受到冷遇时十分不满。阿尔伯特以德国人的条理和周密来处理政事。他不断地替女王写备忘录，这既施加了影响，也是一种理清思路的方法。开头他替女王起草给首相和高官们的信件，由女王签字后发出；后来也用自己的名义。

维多利亚在处理朝政上有着一个重大问题，这就是她的辉格党立场。当初她父亲肯特公爵是个坚定的辉格党，这个立场也传给了她。但是她和父亲的情况不同，她是一国之主，而她父亲不是。英国汉诺威王朝的君主一贯喜欢在党派之间采取固定立场。然而一个立宪君主预设自己的党派立场，后果是很麻烦的，这在前面的"寝宫女侍"事件上就可以看得很清楚。阿尔伯特成为王夫后，他就致力于解决这个问题。他说服了维多利亚不再坚持支持辉格党，并同意也要吸收保守党的人来做寝宫女侍。1841年9月，保守党通过选举上台。下台的辉格党首相墨尔本传话给新首相罗伯特·皮尔，把自己跟小女王相处的经验告诉他。后来皮尔一任五年，跟女王夫妇非常融洽，他积极支持王夫参政和开展社会活动，女王甚至说皮尔是阿尔伯特的"第二个父亲"。

维多利亚和阿尔伯特在国事上最能共同发挥作用的一点，便是王室外交。19世纪中叶的欧洲各国，还处于王室统治时期。1848年革命之后，有些国家王室势力受到削弱，法国奥尔良王朝倒台，不久君主制又宣告复辟。这些王室之间有着千丝万缕的联系。那时的英国王室虽然由于严格的立宪程序而并不握有实权，但作为当时头号强国的君主，其威望和影响不是一般国家君主能望其项背的。而阿尔伯特本人来自诸侯林立的德意志，德国普鲁士邦的首相俾斯麦就曾揶揄过阿尔伯特家，说"科堡是欧洲的种马场"。他指的就是科堡的王子们爱到各国去做上门女婿。

随着时间的推移，维多利亚越来越希望阿尔伯特公开参与更多的政事。她表示："我喜欢和平和安静……讨厌政治和喧闹。我们女人天生不是来统治的。"而阿尔伯特则想得比较透，颇有韬光养晦的味道——虽然喜欢理政，但却不愿出头。他说："只是做老婆的丈夫在公众眼里地位是卑微的，但只能通过成就来表明这种卑微是不存在的。无声的影响是最有力量和范围最广的，但它的价值要过很长时间才会获得承认。只要立宪君主制（的航船）一直不受阻碍地沿着顺利的航道向前驶行，国家富足进步，这就够了。"

1850年，老迈的威灵顿公爵推荐阿尔伯特接替他来做英国军队的总司令，被阿尔伯特聪明地婉拒了。他清楚地知道，这样抬举他的结果是会招来更多的反对和讽刺的。然而他对于英国在国外的扩张和殖民战争十分关注和投入。女王夫妇特别重视克里米亚战争，给以全力支持。他们密切注意战况的发

伦敦威廉四世广场上的南丁格尔铜像

展，并经常就战争的外交和军事方面向政府提出自己的意见。这场战争主要以俄国为一方，英国、法国和奥斯曼帝国（土耳其）为另一方，发生于1853年到1855年。英国军队打到俄国（现归乌克兰）的克里米亚半岛，包围了塞瓦斯托波尔，久攻不下，经过11个月才占领了该城，战争最后以俄国战败告终。这场战争的是非曲直和胜败得失，现在都已是过眼烟云，但给英国留下了三项具有历史意义的遗产：一个人、一首诗和一种勋章。这个人是弗洛伦斯·南丁格尔，她在这场战争中开创了战场救护，建立了护士这个意义深远的职业，她那救死扶伤的精神影响到全世界，每个到伦敦的人不免都要到她那伫立在威廉四世广场的塑像前瞻仰一番。一首诗指的是英国桂冠诗人丁尼生在1854年写的《轻骑兵旅冲锋》，讲的是六百多个在克里米亚战场上的英国轻骑兵英勇进击，最后只剩下二百多人生还的真实故事，成为弘扬帝国精神、推动扩张殖民的经典文学作品。最后，一种勋章说的便是维多利亚十字章，它原本是用缴获的俄军大炮熔化后制作的，是英国的最高军功勋章。

主持家政

女王继承的王权产业，在伦敦有白金汉宫、圣詹姆斯宫，在温莎有温莎堡，这些房子多数破旧，门窗透风，而且浪费惊人。例如，宫里的蜡烛，不管点没点过，每天必定要换，换下来的就都便

英宫往事 ——三个女王的个人生活

宜了后勤的人。管宫里事务的有三个高级官员，他们各自为政，但又不住在宫里，所以对下属缺乏监督，积弊甚深。由于房屋失修，有一天居然发现一个少年得以溜进白金汉宫，坐在王座上，他看到了女王，听到了公主的哭声。问询之下，才知他已经多次进入。阿尔伯特抓住此事进行整顿，宫中事务逐渐有了秩序，但也给他招来了更多不满。在阿尔伯特主持下，宫里的一些陋规丑习得到纠正，日子逐渐有了富余。加上一些田地产业经营有方，后来居然有钱来到乡间买地建造自己的大别墅，而且不止一处。

1852年，有一个名叫约翰·尼尔德的人留赠给维多利亚一笔可观的遗产。这是一个著名的吝啬人，自己生活十分节省，吃的是粗茶淡饭，冬天连大衣也舍不得买。他临死时除了少量给别人的遗赠外，把全部财产赠给维多利亚，要她享用，数目在50万英镑左右。维多利亚分别给了尼尔德遗嘱的执行人、他的仆人和对他有救命之恩的人一些钱。就在这一年，女王夫妇用这笔赠予中的31300镑买下了苏格兰巴尔莫勒尔的一处房地产，以后几经修造，扩大为当今女王伊丽莎白二世也十分喜爱的山间别墅。

女王夫妇最为喜爱的住处，是他俩在英格兰南海岸朴茨茅斯港外的怀特岛上自费修建的奥斯本别墅。1845年女王夫妇用卖出布赖顿皇家楼阁的钱买下了怀特岛上一所名叫奥斯本的房子。维多利亚小时候到岛上来过两次，对这所房子印象深刻。买下后，由王夫亲

维多利亚女王在英格兰怀特岛上的私产奥斯本别墅。别墅由王夫阿尔伯特亲王设计，是女王最喜爱居住的地方。1901年，她在这里去世。别墅现在已经归公，成为观光景点。

自设计，会同伦敦的建筑师对老房子进行了扩大和改造，使之成为一个面向大海、主体宽敞大气、花园精致和谐的文艺复兴式建筑精品。女王一家每年要来住好几个月。1861年王夫去世后，女王继续来住，并在此接待外国王室人物。1901年，女王在此辞世。此后，除少数房屋留给女王小女儿使用外，其余都交给了国家。这里曾经做过海军训练入伍军官的学院和休养所，现在对公众开放。

教育子女

教育子女的事，维多利亚是不管的，完全由阿尔伯特负责。孩子们通常在七岁开始接受家庭教师的授课，并不到学校里去上学。令王夫最为得意的是大女儿维多利亚的表现。这位长公主五岁时就能看书写字和讲由法国保姆教的法语。七岁正式上课后，学了法语、德语、拉丁语、科学、文学和历史，哲学和政治是她父亲亲自教的。老二、长子爱德华是要接班王位的，是重点培养对象，但学习不用功，成绩很差，让父母很失望。他最大的本领是搞人际关系，要说做国王，这种本领也很重要。后来他曾去意大利游学，在爱丁堡大学上过暑期班。据说他快到18岁时进了牛津大学，才在大学的自由环境里得以发挥自己的才华，功课好了一些，两年后又转学剑桥，学历史的兴趣很大。然而那时他已经败名在外，父母始终对他不满意。在所有儿子当中，要算四儿子、老八利奥波德天资最聪颖。他19岁进了牛津大学，但因为患有母亲遗传的血友病加上癫痫，身体一直很弱。由于他文笔很好，一度做过母亲文字上的帮手，但健康日衰，31岁时就过世了。女王夫妇其余六个孩子，无非按部就班接受家庭教育学习，没有太多可说的了。

总起来说，对于孩子们的教育，阿尔伯特更多的还是遗憾。再聪明的女儿也要出嫁，也接受不了高等教育。而儿子们呢，没有一个能够循着他的老路成为学者型的王子。

英宫往事 ——三个女王的个人生活

社会活动

阿尔伯特积极参加各种社会活动，担任了不少社会组织的主席，而且把本来是名誉性质的衔头当作认真的事业去做。例如他担任美术委员会的主席，这个组织主持了对议会大厦大火后的重建和伦敦图书馆等建筑的修建。他的社会活动的最高峰，应当是1851年的伦敦博览会，现在又叫做第一届世界博览会。阿尔伯特对于科学和技术的进步兴趣极大，他是英国皇家艺术学会的主席，这个学会提出了一个想法，要在英国每年举办一次英国制造商的展览会，以让世界了解英国有多么先进。在此以前，法国和比利时已经这样做了。然而关注眼前利益的英国制造商们对此反应冷淡。1847年，皇家艺术学会举办了一个展览会，受到公众欢迎。阿尔伯特受到鼓舞，决定在1851年举办"全世界各国工业展览会"，会址选在伦敦海德公园。在各种建筑设计的竞争中，帕克斯顿设计的类似温室花房、由铸铁为架嵌以玻璃的"水晶宫"方案脱颖而出，并据此建造成功。展览会占地92000平方米，来自全球的展出单位有15000个左右，展品10万件。展会检阅了迄那时止工业革命的最新成果，展期为六个月。据报道，展出的中国展品有丝绸和丝绸服饰、瓷器和制瓷原料、植物蜡、漆器、扇子、茶叶和茶等，它们主要是由英国在华商人和领事官员选送的。根据我国资料记载，我国送展的浙江湖州荣记湖丝被评为第一，获得奖牌。奖状上的"小飞人"图像后来被荣记湖丝作为自己的标志，产品畅销各国。会上发生了一件趣事：有一个中国人被展会

1851年伦敦海德公园水晶宫博览会（第一次世博会）外景

误以为是高官而作为贵宾接待，后来发现他只是一艘停泊在泰晤士河上的中国船的船长。展览结束后，建筑被拆除，海德公园恢复原貌。在伦敦南部的塞登汉姆，由帕克斯顿等人建起了一个以水晶宫为原型、形式有很大变化的新"水晶宫"，利用了原建筑拆下来的大部分材料。新的水晶宫在1854年建成，成为各种活动的场所，后来于1936年毁于大火。附近地区有一个水晶宫国家体育中心。英国有一支足球队就以水晶宫命名，并一度想在上述遗址上建设它的主场，因费用太大而没有成功。

维多利亚女王在1851年5月1日为水晶宫博览会揭幕。从这一天开始直到7月底去怀特岛上的别墅奥斯本时止，她几乎每天都去博览会。她起得早，在10点钟以前就到展馆，然后系统地对展区逐个进行察看。她对法国部分表示赞扬，对美国的机械发明认为有的很棒，有的没看头，认为普鲁士和俄国的展品没啥分量。就具体的展品来论，她喜欢印度的珍珠、英国谢菲尔德为美国制造的鲍伊猎刀、电报机和每星期能造好几万个奖章的机器。她经常带孩子们前去观看，有时也会陪同来访的外国君主参观。阿尔伯特因为对展览会的创意、建设和成功所作出的巨大贡献，而受到很大好评，连跟他作对的大臣也表示赞扬。维多利亚说："这是我最快乐和最自豪的一天。阿尔伯特亲爱的名字将和这一伟大创意永存。"

不久，阿尔伯特提出买入南肯辛顿地区的一大块地，作为发展文教事业之用，最初是用博览会的收入作为资金。后来在这个地区建成了维多利亚与阿尔伯特博物馆和自然科学博物馆、帝国理工学院、皇家阿尔伯特大会堂等重要文化设施，对于英国的文教、科技、艺术事业的普及和发展起到了很大作用。

第六章 天塌下来了（1861）

母亲走了

　　1861年，对于维多利亚来说，是个大灾大难的年头。她母亲肯特公爵夫人已经病了很久了，但是维多利亚只知她病了而不知病情的严重性，因为阿尔伯特为了让她不受伤害而向她隐瞒了实情。那年3月16日，维多利亚知道母亲病危，她赶去跪倒在母亲床前，轻声呼唤着母亲，全家人都跟在她后面跪着，但已经晚了。她给在德国的大女儿写信说，在41年的时光里，跟母亲分开没有超过三个月的时候。维多利亚悲恸欲绝，周围的人怕她疯了，伦敦也充斥着关于女王疯了的谣言，其实发疯对于有着这种遗传基因的汉诺威王朝子孙来说，不是不可能的事。维多利亚没有疯，不过她母亲的死的确对她产生了深刻的影响。她在检视母亲遗物时发现，父母之间的通信表现出他们相爱之深和对她的慈爱，她不禁想起当初她和母亲不和是由于康罗伊和莱曾两人的挑拨，因而悔恨不已。

　　维多利亚很快就从悲伤的情绪中恢复过来，不久后便集中注意力去给大儿子爱德华敲定婚姻大事。这件事情已经进行多时，经过严格挑选，选中了丹麦国王的女儿亚历山德拉公主来做威尔士王妃和未来的英国王后。

天真的塌了

然而在这个倒霉的1861年,更大的坏事还在后头。抓紧选王妃的原因是为了收爱德华的心。阿尔伯特总想把未来的国王、大儿子爱德华培养成一个有像他自己那样的学识和品行的人,但很不如愿。爱德华比较懒散自由,不爱念书,有时甚至闹出点绯闻。女王夫妇认为,给他娶个老婆来管管他也许会好一点。11月24日,阿尔伯特从外地回温莎,由于下雨而打湿了衣服。他又急忙转往剑桥,去给正在那里上学的爱德华做点思想工作,父子俩又在细雨中步行了很久。他回家后因为受凉和情绪低沉而一蹶不振。其实,他已经得了伤寒病,这时病情加重了。维多利亚对于他患伤寒倒是不太嘀咕,因为她自己过去也患过。但是阿尔伯特则不然,他对妻子说:"我并不那么想活,而你则不一样……我想我病了以后就不去挣扎了,也就是马上就放弃了。"在阿尔伯特临死前两天,维多利亚还给舅舅利奥波德写信说不要紧,结果在12月14日晚上,阿尔伯特就去世了。他临终的时候,维多利亚和大儿子、二女儿和三女儿跪在床边。他倒吸了两口气,平静地走了。对于他的病,还有一个说法,说致他死亡的实际上是胃癌,但当时的医疗水平还诊断不出来。

维多利亚的天塌下来了。我们从上一章的叙述已经知道,阿尔伯特和维多利亚感情深厚,他给维多利亚分了不知多少忧,他这说走就走,女王怎么受得了?这回人们更加担心她会疯了。她的异父姐姐菲多拉听到死讯后就说,我妹妹这次不是死就是疯。然而维多利亚很镇定,她在第二天就说:"不用害怕,我会尽自己的职责。"话是这么说,实

去世前一年的王夫阿尔伯特

际上她内心很没底，因为过去里里外外、论公论私，阿尔伯特是她全面依靠的人，他走了，不管是感情还是办事，没有第二个人能替代他。维多利亚对舅舅利奥波德说，我决定，他的一切愿望、计划，他对一切事情的看法，都将成为我的法律，世间将没有任何力量能让我对他决定的事产生动摇。

事实上，在坚强的背后，维多利亚也有过动摇的时候。1862年，也就是阿尔伯特死后的第二年，桂冠诗人丁尼生去奥斯本别墅看望女王。在客厅里，女王面色苍白，她悄悄地走到诗人身后说："我现在就像你的玛丽安娜了。"玛丽安娜是丁尼生诗作中的一个女主角，在诗中她反复说："我累了，累了，我希望我死了。"维多利亚灰暗的心情可见一斑。1888年，她的大女儿德国皇后小维多利亚也遇到了丧夫之痛。女王告诉她："我也曾经想要结束自己的生命。但是有一个声音在替他（指阿尔伯特）告诉我：'还得忍耐'。"后来，"还得忍耐"就成了维多利亚的警句。

对于老百姓来说，自从王夫死后，女王就极少在公开场合露面，几乎像隐居一样，而且这一来就是上十年之久。老百姓发牢骚说，我们一年给女王三十多万镑，但是她不干活。甚至还有人在白金汉宫门口贴条子说："这一大批房子的原住户已经歇业，房子可供出售或出租。"实际上，女王并没有歇着。她照常处理文件，但就是不出头露面。1864年，《泰晤士报》为了促使女王回归正常生活，登了一则假消息："女王陛下的臣民将会非常高兴地获悉，我们的君主将从长期幽闭中走出……不久整个朝廷就会恢复生气……我们英国人是相信眼见为实的。"六天之后，女王在该报做出回答："女王衷心感谢她的臣民想要见到她的愿望，凡能让他们忠诚和眷爱的愿望得到满足的事情，她都会去做。"她强调自己做不了更多礼仪上的事情，而臣民们对她有着如此宽仁和美好的感情，一定不会希望她去做。维多利亚还是继续她的退隐生活。

维多利亚致力于给阿尔伯特建立纪念性的建筑。有的比较简单朴素，例如1862年在苏格兰巴尔莫勒尔山间别墅，就用花岗岩砌了

第二部 维多利亚

小金字塔型的纪念标，上面写有这样的字句："纪念伟大而善良的王夫，他伤心的未亡人维多利亚女王立。"而另一些就是宏大的项目了。今天我们在伦敦肯辛顿地区，可以见到金碧辉煌的阿尔伯特纪念塔和气势恢弘的皇家阿尔伯特大会堂。纪念塔于1872年建成，用四根大柱（每根用若干小柱结合在一起组成）支撑的空心塔体在1875年安放了阿尔伯特气宇轩昂的坐像。在马路对面，就是皇家阿尔伯特大会堂，1871年落成。这是一个主要用于举办音乐会的场所，著名的伦敦逍遥音乐会，从1941年开始，每年夏季在这里举行。就在附近的帝国理工学院每年的毕业典礼也在这里举行。

位于伦敦肯辛顿阿尔伯特纪念塔内的王夫阿尔伯特亲王坐像

过去凡事都有阿尔伯特顶着，不用女王自己操心，而现在自己要处理了。她需要寻找一个合适的人来帮助她。过去她没有私人秘书，于是她将王夫原来的私人秘书格雷将军改由自己来用。女王吸取了母亲被康罗伊控制的教训，她对舅舅说，我决定，决不让一个人，不管他有多好，来领我、引我和驾驭我。而格雷的优点恰恰是低调，多年后他还对一个大臣解释说，他只是"听从陛下的指挥而已，我连一个主意都没有出过"。

女王对王夫的依赖到达了痴迷的程度。维多利亚在遇到难题时会自问，这事要是阿尔伯特会怎么办？她甚至曾经不止一次地公然离开正在

皇家阿尔伯特大会堂夜景，正在举行逍遥音乐会。（大卫·萨缪埃尔 摄影）

103

一起商量的大臣们，而去到阿尔伯特的雕像前问："你说我该怎么办？"

维多利亚跟阿尔伯特之间经常用德语交流。丈夫死后，她大概也是总用德语思维，所以她的谕旨往往像是从德文翻译过来的。这种情形引起了人们不满，于是报上登出了一篇题为"女王英语"的文章，文章假装指责大臣们在替女王草拟谕旨时，没有把英文写好，弄得"女王英语干脆就是德国制造"。实际上，这些谕旨是维多利亚自己写的，文章作者指桑骂槐而已。据说打那以后，维多利亚就找大臣们来斟字酌句了。当时的印度（印巴分治是后来的事）阿加·汗王子在回忆录中说，维多利亚的发音"古怪，是一种苏格兰语和德语的混合"，认为她说话有德国味可以理解，因为是跟着母亲和莱曾长大的。由于父母的影响，女王的长子、后来的爱德华七世也在说英文时带有很重的德国腔。

第七章 从女王到女皇

丈夫去世之后，维多利亚女王又活了40年。她在有生之年里几乎再没有穿过鲜艳的服装，总是深色的上衣和长裙，头上是深色头巾，有时是软帽，王冠和王袍在她身上也极为难得见到。人们很少再看到她笑。然而生活在继续，儿女在成长，国家在发展。英国成为殖民地遍全球的超级大国，也逐渐走上了盛极而衰的道路。女王总共活了82岁。在后面的40年里，她见证了所代表的事业的辉煌，从女王变成了女皇，儿女一个个都成家立业，自己居然出版起书来，还得了个绰号"布朗太太"，最后从英国女王晋身为"欧洲的姥姥"。

"布朗太太"

维多利亚跟她的苏格兰男仆约翰·布朗的关系备受争议。无论如何，布朗可能是在王夫阿尔伯特去世到他本人去世（1883年）这22年中，对于维多利亚最有影响的男性了。

约翰·布朗生于1826年，比维多利亚小七岁，苏格兰人，1853年起成为女王夫妇在苏格兰巴尔莫勒尔别墅的"吉利"（苏格兰语，意为户外男仆），颇得女王夫妇信赖。王夫去世四年后，女王将布朗带到英格兰，他成为女王的"永久个人男仆"、"个人随从"。布朗生性耿介，说话直来直去。他只听命于女王，凡有差遣或是女王遇到危险，他都是坚决执行和挺身而出。布朗最初引人注意是他在女王马车的头马失足倒下时一下子坐在马的头上，而稳住了马车。几天之后，由于马夫酗酒，马车在夜间掉进沟里。坐在里面的女王被布朗救出，女王眼眶青肿，一个拇指因伤终身弯曲。1872年，维多利亚第七次遭遇行刺威胁，布朗挺身将一个向女王挥舞着手枪（后来发现子弹未上膛）的男子制伏。就在那一年，布朗被授以"先生"尊称，以区别于其他仆人。布朗直接称呼维多利亚为"女王"或"女人"，女王不以为忤。布朗死后，女王在写给他弟弟的信中记述了她在1866年时和布朗曾经有过的对话。那年她的大女儿、普鲁士王妃小维多利亚因失女而伤心，女王也很不安。她在信中写道："他对我说：'我愿意照顾我亲爱的女主人直到我死为止。您不会有比我更为忠实的仆人了。'我握着他那亲爱和善良的手说，我希望他一直能安慰我，而他回答说：'不过我们都得死啊。'""我可爱的布朗经常会说，你没有比布朗更忠心的仆人了。哦，我当然感到了！我一次次地告诉他，没有人比我更爱他，他回答说：'也没有人比我对你这样了。''没有人更加爱你了。'"约翰·布朗于1883年因病去世。女王在布朗的墓碑上镌刻了一句引自《圣经·马太福音》的耶稣的话："你这又良善又忠心的仆人，你在不多的事上有忠心，我要把许多事派你管理。"

约翰·布朗为女王牵马随蹬（1863年）

布朗跟女王的亲近关系自然会引起许多人的不满。有人说，布朗的卧室就在女王隔壁，"有损礼仪，甚至体面"。虽然女王的私人秘书庞森比爵士一再诚心表白，布朗只是一个仆人，但是人们并不买账。最厉害的说法就是女王跟布朗秘密结了婚。据说女王的一个御前牧师麦克劳德在临终忏悔时说，他曾为女王和布朗证婚。但是这一说法辗转来自多人，其可靠性颇有争议。另有记载说，女王曾指示她的御医里德主持她本人一旦死后的丧事，让在她的棺中放入布朗的一绺头发、照片、信件和戒指。这可以说明布朗跟女王的关系的确不同一般。当时就有人给女王起外号叫"布朗太太"。一百多年来，此说不衰，直到不久前还有以此为名的电影和电视剧在英国拍摄上演。

女王的子女对布朗也没有好感。女儿们揶揄说布朗是"妈妈的情人"。女王的长子爱德华因布朗对自己不恭而深为不满。在他接班为爱德华七世国王之后，立即下令在各个王宫、别墅里里外外彻底铲除布朗的痕迹。

维多利亚女王和约翰·布朗的关系究竟如何，跟伊丽莎白一世女王是否是处女一样，成了难解的谜团，看来怕是永无答案了。

"蒙仕" 阿卜杜·卡里姆

在约翰·布朗之后，对维多利亚影响最大的身边工作人员，大概要算"蒙仕"阿卜杜·卡里姆了。1887年女王登基50周年黄金庆典时，从印度给女王选来了两个侍仆，其中一个就是阿卜杜·卡里姆，是个穆斯林。后来给他加了一个衔叫"蒙仕"，在乌尔都语里的意思是"文员"或"教师"。平常蒙仕是女王的的近侍，女王办公时他就站在离桌不远的地方，当女王出国旅行和出门时他一定随行，让他陪侍在旁，使外国宫廷都为之侧目。蒙仕还教女王学乌尔都语，使她能说一些简单的单词。女王对他十分宠信和照顾。允许他把妻子接到英国来，并在女王的各处宫所都有蒙仕的专用房屋，还在巴尔莫勒尔别墅给他盖了专用的房子。女王在给他的信尾署名

英宫往事 ——三个女王的个人生活

维多利亚女王随侍的"蒙仕" 阿卜杜·卡里姆

"你的母亲"。蒙仕忠心耿耿地侍候女王15个年头，直到她1901年去世。然而他也不知深浅，恃宠而骄，竟想在公开场合跟王孙贵族平起平坐。他往往犯傻，遇事到女王那里告状。长此以往，岂能不招种族观念和等级观念极深的白人王族的嫉恨。继任的国王爱德华七世登基后，除了将阿卜杜·卡里姆安排回印度老家（当时印巴还没有分治）外，像对待约翰·布朗一样，在各个宫所彻底消除蒙仕的痕迹。

"作家"维多利亚

从13岁时妈妈给了一个日记本让记旅行日记开始，维多利亚记了七十来年的日记。在18岁成年之前，日记是要经过妈妈和女教师露易丝·莱曾看的，有的想法不见得都写在日记上。在成年以后，日记就完全成了自己抒发感情和记录见闻的载体了。维多利亚的日记一共132本，后来授权她的小女儿比亚特丽丝公主来全权处理。对于后人来讲十分可惜的是，这位公主抄录了其中一部分（有的内容还被篡改）后，把整批日记原件都烧毁了。

然而如此大量的日记，涵盖了70来年的时间跨度，它们既是流水账，又有着对人、事、景的细致描写，从而提供了丰富扎实的历史和文学素材。在维多利亚尚在世的时候，就开始以日记为基础出了书。先是在阿尔伯特刚去世几年之后，出版了《我们在高地生活日记拾叶 1848—1861》，由亚瑟·赫尔普斯编辑，基本上都是日记的内容，1867年出版。此前不久，维多利亚委托格雷中将编辑出版了《维多利亚女王回忆王夫亲王》，写女王夫妇结婚后第一年的情况和王夫的成长过程，除了日记内容外还收入了王夫的信件和别人对他的回忆。两本书由美国纽约哈珀兄弟公司出版后，都受到了英美读者的欢迎，人相争读，一时洛阳纸贵。对于自己的书受到热赞的原因，女王说："本书得到如此巨大和过分的成功要归功于它风格简明和没有刻意斧凿追求效果。"十多年后，又出版了《我们在高地生活日记再拾叶 1862—1882》，这本书仍然以维多利亚的日记为基本，加以编辑而成。如果说第一本《拾叶》是以怀念已故王夫阿尔伯特为起因和基调，这本《再拾叶》就是以怀念1883去世的心腹侍从、苏格兰人约翰·布朗为主旨了。维多利亚在书中写道："兹将这些我在苏格兰寡居生活的记录献给我那些忠心耿耿的高地人，特别是为了怀念我至诚的个人随从、忠心的朋友约翰·布朗。维多利亚女王女皇。"

维多利亚女王所著《我们在高地生活日记拾叶 1848—1861》，2010年还在重印出版。

除了日记之外，维多利亚还写过无数信件。仅留存下来的她和长公主小维多利亚之间的来往信件就有近八千封。这批信件都保存在做了德国皇太后的长公主那里。由于长公主跟自己的儿子德皇威廉二世政见相左，她怕这些信件落到儿子手里，曾经让英方采用间谍行动将这批信件从德国偷运到英国。其中的一部分在1928年公开出版。

曾任首相的迪斯累利既是政治家也是个小说家。他为了讨好而对女王说"我们当作家的"，将女王引为同道，女王深以为快。以实际情况看，维多利亚一生动了这么多次笔，戴上这个作家头衔也确实是名副其实的。

英宫往事 ——三个女王的个人生活

帝国女皇

上文中维多利亚署名既写女王又写女皇,似乎让人费解。她后来的确从女王进而成为女皇,在签名时往往两个头衔都用上。具体说来,她是英国女王兼印度女皇。这件事是首相迪斯累利一手促成的。迪斯累利是英国政坛老将,在1868年时做过短暂几个月的首相。后来在1874年他70岁时再次成为首相,一任六年,就在这个时期,他将维多利亚捧上了女皇宝座。早在1857年,在印度的大起义被平定之后,不得人心的东印度公司将印度的控制权交还给它的"老板"——英国女王陛下政府。维多利亚女王曾在1858年向印度做过一次宣告,对印度各邦的王公贵族做了一些让步和允诺。1869年苏伊士运河开通,大大拉近了印度和英国本土的地理距离。迪斯累利对于英帝国的扩张贡献很大,同时又以诡计多端、善于拍马著称。他第二次上台后,在1875年抓住机会,迅速通过金融大鳄罗斯柴尔德家族融资,以不到四百万英镑的价格买下了苏伊士运河44%的股权。他向女王报告说"我给您拿到手了",深得女王欢心。那时女王不让王储管国事,迪斯累利就想给王储找个差事,让他去巡行印度,以加强印度对英国的向心力。王储到南亚次大陆一去八个月(1875—1876年),所到之处,皆平等待人而不问其社会地位和肤色,从而受到欢迎,也改善了英国在印度的形象。当他旅行终结的时候,在迪斯累利操弄下,维多利亚女王即位印度女皇,被印度王

63岁时的维多利亚女王

公所拥戴,从此她就戴着女皇头衔出现在各国君主的行列里。迪斯累利这一手深得女王之心。原来维多利亚有一个心病:德国在普法战争中于1871年在巴黎凡尔赛宣布其元首为皇帝,而维多利亚的女婿恰好就是德国王储。他一旦接班,维多利亚的长女就会成为德国皇后,到了那时,维多利亚如若还仅仅是女王,就会比女儿低了一格。如今女皇的桂冠从天而降,岂不快哉!维多利亚成了女皇,英帝国的地位自然提升,而印度国内各邦国王众多,他们的身价也就见涨。所以迪斯累利这样做,可说是八方来风,四面讨好。英国荣誉大增而国家本身的政制不必修改,真是既省心又省力。在维多利亚以后,英国几代君主都接着当印度皇帝,直到印巴分治,印度和巴基斯坦都独立了,英王乔治六世才在1948年宣布取消印度皇帝称号,以后也就再没有此说了。

第八章 "欧洲姥姥"的谢幕

钻石禧年庆典

1897年，维多利亚女王78岁，这一年是她登基60周年，英国要为此举行盛大隆重的庆典，为期一周。早在十年以前的1887年，英国曾经举行过女王登基50周年的庆典，当时叫做"黄金禧年庆典"，邀请了多国君主来参加。这一回是60周年，而英国过去还没有过在位如此长久的君主，那么应该用什么名称呢？维多利亚女王自己决定：叫"钻石禧年庆典"。女王还决定，这回不请各国君主了，只请一些英国殖民地的首脑来，既免除了繁缛的礼宾活动，又显了帝国威风。开始设计庆典的重头戏是在圣保罗教堂举行一次感恩礼拜。但是由于女王行走不便，怎样让她步下马车进入教堂高台阶便成了一个费解的难题。最后决定重点放在女王巡游伦敦上，在路过圣保罗时在教堂门外举行一次唱赞美颂的感恩活动，女王指示不得超过20分钟。在拉女王马车的八匹马中，有两匹比较难对付，一匹爱躺下，另一匹不吃糖就不老实。于是就预备好一根针，在其中一匹要躺倒时扎它；再就是准备一些糖块来对付另一匹。庆典的消息公布后，在全国引起巨大的反响。有人鉴于女王年事已高，怕她累着，建议做一个傀儡女王放在马车里，以替代真女王巡行。

庆典活动从1897年6月20日星期天开始。在全英帝国范围内举行感恩礼拜。21日，女王从温莎到伦敦。女王接受威尔士王妃亚历山德拉的建议，不穿王夫去世后惯常穿着的守寡服装，而穿上了一身白色华贵长裙，胸前布满从印度专门定制的金色绣品，帽子上缀着钻石，戴上了钻石项链。为了庆典，白金汉宫专门从法国增请了24个厨子，这天女王就吃了法国厨子做的三文鱼。22日是正日子，女王从上午11点15分到下午1点45分在伦敦进行了巡行。她一直坐在马车里，座位对面有大儿媳威尔士王妃和三女儿海伦娜公主陪着。在巡行途中她参加了圣保罗教堂前的唱赞歌活动，在那里接受了欢呼。巡行从白金汉宫出发，转了六英里又回来。

在整个庆典周里，女王多次在伦敦巡行，让更多的老百姓看到她。女王的大儿媳亚历山德拉王妃也设法给婆婆添彩，她说服立顿红茶的创始人托马斯·立顿爵士拿钱，在庆典期间设宴招待伦敦的穷人，不论谁来都请上座。宴会总共用去700吨食品，动用了10000个服务员。菜单是：烤牛肋排、小牛肉和咸肉派，枣和橘子，英国甜酒和姜啤，最后上的是烟斗和烟草。

"欧洲的姥姥"

到了晚年，维多利亚女王得了个外号"欧洲的姥姥或奶奶"。英语里"姥姥"和"奶奶"不分，中文不分就别扭了。鉴于叫维多利亚姥姥的有25人，多于叫奶奶的16人（多数是英国人），我们就把女王的外号简化为"欧洲的姥姥"。据说迄今为止，维多利亚女王的后代已经

1898年法国政治漫画："姥姥"和外孙们伙同其他列强在下手瓜分中国。左起"姥姥"英国维多利亚女王、外孙德皇威廉二世、外孙女婿俄国沙皇尼古拉二世、法国的象征玛丽安娜、日本的象征武士。后立无助的是中国官员。桌上的大圆饼上写着"中国"。

超过600人。这并不奇怪。女王和王夫阿尔伯特共生育了九个子女，每个都长大成年，结婚并有了后代，他们的后代有多少？再下一代有多少？

维多利亚夫妇结婚至今超过170年，按20年为一代计算，八代以上过去了。在第三代中，有德国皇帝和希腊国王，一个外孙女嫁给俄国最后一位沙皇尼古拉二世做皇后，三个孙女分别嫁给挪威、罗马尼亚和西班牙国王做皇后。至于和欧洲各国王子、公侯结亲的，就不计其数了。然而子孙繁衍、枝叶茂盛未必一定好。下面我们就来讲一件怪事。

血友病之谜

血友病是一种遗传病，只有男性可以得，但由于患者一般寿命都不长，所以男性往下遗传的机会较少；女性如果遗传到了这种病的基因，自己不会发病，但会再遗传给下一代。在维多利亚的九个子女中，小儿子利奥波德王子是血友病患者，二女儿爱丽丝公主和小女儿比亚特丽丝公主遗传上了血友病基因。利奥波德有一子一女，其中女儿爱丽丝遗传了血友病基因，又将它遗传给了她儿子鲁贝特。维多利亚的二女儿爱丽丝公主的两个女儿和一个儿子有带病遗传基因：女儿艾琳嫁给德国一个大公，有两个儿子被遗传了血友病基因；女儿阿历克丝嫁给俄国沙皇，将病传给了儿子亚历克西斯；女王幼女比亚特丽丝将带病基因遗传给了二子一女。两个儿子无后，女儿维多利亚·尤琴妮亚和西班牙国王阿尔方索十三世结婚，有三个儿子是血友病患者。影响所及，德国、俄国和西班牙的王族都包括在了里面。

子孙们出了这么多问题，说明维多利亚本人准确无误的是血友病基因携带者。这一来不仅祸及子孙，还牵涉到了维多利亚本人的血统来源成疑。英国汉诺威王朝的先辈君主们，并无血友病的历史。维多利亚的母亲和她科堡公国的先辈也无血友病历史,这同时证明了维多利亚丈夫阿尔伯特的先辈也无此历史。那么,维多利亚及她后代的血友病基因是哪里来的呢?只有两种可能:一是到了维多利亚身上正常的基因产生了变异,二是维多利亚并非汉诺威的后代,而是另有血统来源。这个问题过去无答,现在无答,将来是否有答还未可知。我们也只好记录在这里。然而我们从上可见,有维多利亚做"欧洲的姥姥",对于欧洲王室来说未必完全是好事。

幕落

在19世纪和20世纪之交,国家的事让维多利亚感到心烦:在埃及和苏丹的战事不顺利;波尔战争成拉锯状态,英军屡吃败仗;外孙德皇威廉二世不断在英国和俄国之间进行挑拨,唯恐天下不乱。与此同时,女王的健康也有了问题。她的身材,打年轻时就显得过矮过壮,特别是脖子短,老年后更为突出。在最后十年里,晚上睡觉时得有人在旁守护,防止她转身时脖子被扭导致窒息。她仍然能吃能睡,而且食欲好得出奇,但是白内障加剧和膝盖强直,行走越来越困难。她不睡午觉,但是人们发现她经常在马车上打瞌睡,后来有时在听大臣禀报时不止一次地打起盹来。医生要给她动白内障手术,她坚决不干。白天用眼看文字还

维多利亚女王去世后,她儿子爱德华七世搞了两个建筑来纪念她。一个是维多利亚纪念碑,以维多利亚像为中心,树立在白金汉宫前;另一个是海军部拱门,在纪念碑正前方远处,以林荫大道连接起来。上图是纪念碑上的维多利亚像,下图为拱门。

英宫往事　——三个女王的个人生活

在维多利亚女王去世的1901年，伦敦的公交车是用马拉的。

行，晚上就不让她看了，在最后的几年里需要别人把文件念给她听。她写的字也越来越难认，大臣收到她写的信之后要在办公室里传阅，看看谁能认个明白。医生认为她目力不济半因白内障半因神经系统有问题。半个世纪前在水晶宫博览会上热衷于了解科学发明的女王，这时却对现代化的东西进行抵制：温莎堡里装上了电话，但她不用，还是写信交给身边的人去送；她不喜欢汽车，一度下令海德公园禁行汽车，原因是她不愿坐马车在公园兜风时碰见汽车。然而她又难得去公园，因而招致民众对禁令的不满。为了满足她的种种需要，她身边围绕着女儿、孙女、外孙女和侍从贵妇们，以供她不时差遣。她外孙德皇威廉将这帮人称之为"裙子们"。"裙子们"的头儿是女王的小女儿比亚特丽丝公主，首相管她叫"总管事"。当初小公主论婚嫁的时候，女王要求女婿必须得进她家，好让小女儿留在她身边为她养老送终，这一回真起作用了。

年过八十的女王是今非昔比了。到这时止，她已经死了三个儿子和三个女婿，在她的九个子女中有六家办过丧事。主管随侍事务的大臣赫里福德勋爵深感忧虑地说，女王"掉了许多肉，人缩到了只有原来的一半。她的精气神也显然是没了"。她晚上睡不着，所以早上起不来，打乱了她的日程，使她很不高兴。她感到背疼和犯风湿。原来的好胃口也都没有了。然而她可不想死，她对近侍的贵妇说："王夫亲王去世后，我想死，但现在我想活。"

人难胜天。1901年1月22日，维多利亚女王在怀特岛上的奥斯本别墅因病安详去世。临终时，大儿子王储爱德华跪在她的床前，外孙德皇威廉二世站在床头。女王至死也不放权，去世前十天，她还在理政。她在晚年时，把出席各种场合等表面文章交给太子爱德华去做，但是具体政事一律不让爱德华知道。爱德华后来曾说，首相索尔斯伯利一贯对他冷淡，等到医生一宣布女王已经咽气，首相马上向他弯下腰来，亲吻他的手，表示愿意像为他母亲那样忠诚地为他效劳服务，让他感到这回才真的做了国王了。

维多利亚女王的去世，宣告了英国汉诺威王朝的终结，也在一定意义上标志着英国作为超级大国地位的下滑和英帝国解体的开始。波涛汹涌的20世纪的好戏开场了。

第 三 部

伊丽莎白二世

1926年4月21日，后来的女王伊丽莎白二世以剖宫产出生在伦敦的姥姥家里，那是她姥爷苏格兰贵族鲍斯-莱昂伯爵在伦敦梅菲尔地区布鲁顿街17号的联排住宅。

第一章 从汉诺威到温莎

爱德华和老乔治

维多利亚女王去世，长子爱德华七世接班。维多利亚是英国汉诺威王朝的君主，但她儿子爱德华七世就得按他父亲阿尔伯特亲王的德国世系来算，成为英国的萨克森—科堡—哥达王朝的第一位国王。

爱德华七世当了59年王储才在1901年登基做了国王。这个当王储的记录被他的玄孙、现今的英国王储查尔斯在2012年2月打破，达到做王储超过60年。（注：查尔斯在1952年母亲登女王位后成为王储，但他获得王储的正式称号威尔士亲王是在1958年。在这一点上，他还是没赶上他高祖父获称59年的记录。）

由于爱德华七世的母亲维多利亚女王认为，他父亲阿尔伯特因为去剑桥看望他而受了风寒后过早去世，所以一直不肯原谅他。几十年来只让他有的时候代她出席场面应付差事，而不把国务实事交给他办，也不让他接触机密文件。然而爱德华曾以王储身份出访美国、加拿大，特别是印度，取得很大成功。随着他母亲越来越年老体衰，有的首相和大臣也把机密文件送给他看。总的说来，爱德华待人比较平等和缓，脾气发过就完，所以人际关系不错。

英宫往事——三个女王的个人生活

他最大的弱点是好色。他的王后亚历山德拉是丹麦公主,是当时各国公主当中最漂亮的一位,不过听力较差,脑子也不很聪明。爱德华拈花惹草成性,婚后据说跟五十多位妇女有染,其中不乏有头有脸人家的夫人。例如后来做了首相的丘吉尔的母亲;他的玄孙当今王储查尔斯的老情人、新妻子卡米拉也是他一个长期情人的

1902年所铸的英国钱币上的爱德华七世头像

曾外孙女。爱德华曾因绯闻事件两次上法庭作证。王后对这些花花事儿并非全然不知,但是也就容忍了。至于有人说他曾跟7800个妇女发生性关系,在半个世纪里每星期要换三个,这就不知其根据何来了。

爱德华七世在登基时还负着债,但后来据说他成了英国君主当中少有的阔佬,不但不负债而且还挺富裕。这要归功于他任用财务主管得当。他的富裕也使他得以在生活上奢华铺张。在当时,他的穿着在一定程度上引领了时尚。据说把晚礼服从白领带和燕尾服改为黑蝴蝶结和正装,就是他的主张和带的头;衬衣的衣领上耸后下折,也是他的发明。他还主张裤线要熨在左右而不是前后,可惜后人没有照办,大概只有中国人张爱玲曾经做到过一半:一只裤腿的裤线在前后,另一只的在左右。

虽然他在生活上奢靡,但是做了国王以后还是办了一些事。他在外交上有先天的优势。他有个外号叫"欧洲的舅舅",原因是他跟差不多所有的欧洲王室都有亲戚关系,而且辈分比别人高。例如在欧洲大国当中,德皇威廉二世是他的亲外甥,俄国沙皇尼古拉二世是他的亲外甥女婿和他王后的亲外甥,至于在小王国和公侯国里做君主的,更是不计其数。这种血缘优势,加上能说一口熟练漂亮的德语和法语,以及善于与人交往的性格脾气,使他在当国王的九年时间里,成功地化解了跟宿敌法国的矛盾,并跟大部分欧洲国

家拉近了关系，为后来他儿子登基后爆发的第一次世界大战中协约国的形成起到了铺垫作用。他所主张的对英国陆军的改造和对海军的加强，也都对英国应付一战的能力产生了正面影响。

爱德华七世国王在1910年因长期大量吸烟造成的呼吸系统疾病去世，由他的二儿子约克公爵乔治接替，是为乔治五世。乔治的哥哥、原来的王储阿尔伯特·维克多早在1893年就因病去世，乔治继任王储，并由祖母维多利亚女王拍板定下，娶了已故哥哥的未婚妻玛丽为妻。玛丽是奥地利公爵泰克家族的小姐，母亲是英国王族。她出生于英国并在英国受过良好教育，性格刚强，行事干练。婚后乔治五世一改过去的放荡作风，跟妻子和睦度日，再也没有听说过他的绯闻。乔治在一战时因视察军队从马背上摔下，受了重伤，后半生一直拖着病躯。他还算幸运，躲过了一战后欧洲各君主国发生革命时遭遇到王朝坍塌的结果。然而，为了表示跟自己浓厚的德国血统彻底决裂，他在1917年将原来的萨克森—科堡—哥达王朝称谓弃之不用，改以所住的温莎堡命名，叫做有着地道英国味的温莎王朝。

乔治五世国王钱币铸像

温莎两兄弟

乔治五世在位26年(1910—1936年)。他妻子玛丽在他死后成为太后，到1953年才去世。接老乔治班的是他的长子大卫，称为爱德华八世。当太子的大卫一战时从军，在司令部里工作，没有上过前线。他风流成性，登基接班时正与一个美国女人沃莉丝·辛普森夫人热恋。他当国王没有加过冕，不到一年就逊位了。后来人们都说爱

英宫往事 ——三个女王的个人生活

德华八世为了美人丢了江山,其实不是这么简单。

贝西·沃莉丝·沃费尔德(人称沃莉丝)1895年生于美国,自幼丧父,由母亲和姨妈抚养长大。她21岁和一个家境富裕的海军飞行员斯潘塞结婚。然而这个丈夫是个酒鬼,几年之后独自去了驻中国的美军工作,把老婆留在美国。沃莉丝在婚后逐渐演变为纽约的一个交际花,后来被美国情报部门网罗,在1924年以寻夫团聚为名到中国北京、上海和香港居住。在此期间她曾经是意大利外交官齐亚诺伯爵的情人,此人后来当了外交部长,是墨索里尼的女婿。沃莉丝在1926年回到美国,跟斯潘塞离了婚,并于1928年嫁给一个叫辛普森的商人。辛普森生于美国,后来加入英国籍。沃莉丝在伦敦和纽约继续她的交际花生涯,大概在1933年跟还在做太子的大卫搭上关系。她丈夫辛普森对此并不在意,有时还带上自己的情人四个人一起活动。到了1936年老乔治国王去世时,接班的大卫也就是爱德华八世跟沃莉丝已经难舍难分了。

然而风花雪月、男女私情只是问题的一面,还有更为重要的一面,这就是国际政治。爱德华八世跟温莎王族中的一些人,对当时的国际形势有着自己的看法。他们认为欧洲的最大威胁不是纳粹希特勒,而是苏联。虽然正是由于老国王乔治五世不接受沙皇尼古拉二世全家到英国避难,而让他们只好留在俄国等待命运的判决,然而苏俄1918年在叶卡德琳堡处死了沙皇全家这一事实,使爱德华八世和温莎们恨透了布尔什维克。另一方面,由于温莎王朝和汉诺威王朝本来就是从德国来的,他们的近亲在德国比比皆是,其中不少人是纳粹的骨干分子,他们

沃莉丝·辛普森夫人在1936年　　爱德华八世在1936年

对德国的亲近是天生的。再者，纳粹德国的庞大军事机器，使人们看了胆战心惊，在温莎的一些人看来，跟德国对抗就是找死，因此总幻想德国不会太跟人过不去。这样的想法，在相当程度上代表了英国朝野的情绪，这也就是为什么张伯伦的绥靖政策在二战前能得到国民支持的原因。爱德华八世是这些仇苏心态和失败主义的典型代表。随着英国国内不同政治倾向派别的斗争加剧，爱德华八世也加紧了跟纳粹的联系。以当时首相鲍尔温为代表的头脑清醒的政治家，认识到如果让爱德华坐稳国王御座，他一是会利用自己在民众中的影响加强王权对国家的控制，二是会利用他的影响和获得的权力跟纳粹勾结起来，让英国堕落为希特勒的帮凶。因此鲍尔温打定主意不让爱德华八世做成真正的国王，而后者跟沃莉丝的关系，恰好成为一个极好的口实。

爱德华八世虽然在1936年1月接班当上国王，然而要等到1937年5月才进行加冕，在这以前，他还只能算是个"预备国王"，已经九十九拜了，还差一拜。他决定要让沃莉丝当上王后。为此，他和沃莉丝及她的丈夫辛普森商量了一个离婚办法：由辛普森提供本人跟别的女人出轨的事实，由沃莉丝据此向法庭起诉并要求离婚，辛普森则在法庭上承认出轨并同意离婚。这出戏按照设计顺利演出，离婚成功了。爱德华八世向政府提出，要求让已经一身轻的沃莉丝作为王后一同加冕。首相鲍尔温回答说，作为英国国王和英国国教教首，是不能和离过婚的女人结婚的，因此做王后就更别提了。再说，英格兰教会也不允许为离异配偶还在世的再婚者证婚。爱德华八世要求按"门户不当对婚姻"处理，也就是采取由于婚姻双方门不当户不对，所生子女不能继承父亲或母亲的王族或贵族衔头和权利的一种权宜办法。鲍尔温也说不行。摆在眼前就是三条路：一、不结婚；二、不顾反对意见和后果结婚；三、逊位。这位国王被激将法给激动了，他表示不干了。这一来正中下怀。爱德华八世逊了王位，得到的新衔头是温莎公爵，他带着沃莉丝离开英国去了欧洲大陆，实际上是等于放逐。他的弟弟、乔治五世国王的二儿子约克

英宫往事 ——三个女王的个人生活

公爵阿尔伯特接任国王。约克公爵希望沿袭父亲的称号,于是他就成为乔治六世(1936—1952年在位)。

2010年,英国电影《国王的演讲》(又译为《王者之声》)风靡世界,获得了包括最佳男演员在内的三项奥斯卡奖和一些其他奖项。电影讲的就是乔治六世的一段故事。乔治六世生于1895年,个子不高,生性腼腆内向,严重口吃,爱眨眼睛,面部肌肉痉挛,跟哥哥爱德华八世好动、外向、热爱交际、能说会道等特点正好相反。他因为排行老二,按接班顺序前面有哥哥、还有哥哥可能有的子女,所以从来没想过有一天会做上国王,既无此野心,也自认无此能力。他登基的时候,还有三天就要过41岁生日了。据说他一生跟三位女性有过交往。第一次是跟一个女演员,两人有过恋情,但是门户太不当对,无法进行下去。第二次也是没有成功。第三次,他追的是一位苏格兰伯爵家的小姐,两次向这位小姐求婚均遭拒绝,原因是小姐不愿嫁入王家,嫌那里太复杂。他坚持不懈,第三次求婚终于成功。这位小姐就是后来的伊丽莎白王后和"女王妈",当今伊丽莎白女王的母亲。在1936年的时候,乔治六世夫妇已经有了两个女儿:大的伊丽莎白十岁,后来做了女王;小的玛格丽特六岁。

乔治六世在位16年所遇到最主要的大事就是经历了第二次世界大战。虽然他在战前对于纳粹德国的侵略性质也是认识不足,战时对于罗斯福和丘吉尔坚持不跟希特勒单独媾和表示过反对,但是总的来看,他在二战期间尽到了一个立宪君主应尽的职责。在德机狂轰滥炸英伦三岛的时候,他和王后每天从温莎堡驱车数十公里来到伦敦白金汉宫的办公室。在整个战争期间,他深入部队、民间、工厂视察慰

伊丽莎白一世女王的父亲乔治六世国王1940年代标准像

问，起到了鼓舞作用。因此，他在英国民众中威信很高，也为温莎这个德国血统的王朝赢得了广泛的群众支持。乔治本人从小身体羸弱，长期的战争环境对他的健康影响很大，他又大量吸烟，结果在1952年因患肺癌加心脏病去世。他没有儿子，由大女儿伊丽莎白接班。

他哥哥温莎公爵自1936年12月逊位后去了欧陆，主要住在法国。1937年6月这位逊王和沃莉丝结婚，成为温莎公爵夫妇。对于逊王，英国王家、政府和教会的态度并不友善。英国国教教会不同意为他们证婚，后来由一个地方教士个人出面证了婚。王家不同意给公爵夫人以"殿下"称号。议会不同意将公爵夫妇列入领取"王室费"的行列。公爵不透露由于太子领地长期进益，自己已经有400万英镑积蓄，而缠着他弟弟要钱，乔治六世只得个人掏腰包每年拨出10万英镑给公爵。由于公爵连日从法国打电话到英国要钱和为妻子索要"殿下"衔头，乔治不胜其烦，一度不接他的电话。

温莎公爵不当国王了，但他对政治的兴趣未尝稍减。他公开表示对纳粹德国的友好态度，并在婚后携妻于1937年10月访问德国，行了纳粹式的举手礼，还亲自会见了希特勒。1939年9月，英德宣战后，他回到英国，被任命为少将，派往英军驻法国的代表团工作，察看法军的防线。后来据说他曾将法军的防御机密透露给德国人。1940年法国投降，公爵夫妇转往西班牙，又到葡萄牙。此时德国外交官和间谍极力争取公爵，也曾打算用武力劫持他，英方则对他加强监视和警卫。公爵本人认为，英国必然被德国打败，那时他就可以东山再起，重登王位来收拾残局。英国政府要求公爵回到英国土地上，否则将面对军法审判。为了把公爵可能对国家造成的损害降到最小程度，政府任

温莎公爵和夫人

命公爵为巴哈马总督,将他们夫妇实际上等同于放逐到这个美洲海洋中偏僻的岛屿上,一直到德国接近投降。二战后公爵在政治上已无所可作为,他和王室及政府的关系也有所缓和,他们夫妇继续住在法国。温莎公爵于1972年因病去世,公爵夫人后来患有老年性痴呆症,1986年以九十高龄去世。两人都归葬于温莎王家墓地。

20世纪"后维多利亚"时代四个国王的往事在上面简略地有了交代,往下就该本书第三个主角伊丽莎白二世女王出场了。

第二章 王家有女初长成

"丽丽白"

1926年4月21日，后来的女王伊丽莎白二世以剖宫产出生在伦敦的姥姥家里，那是她姥爷苏格兰贵族鲍斯—莱昂伯爵在伦敦梅菲尔地区布鲁顿街17号的联排住宅。当时她父亲的身份还是约克公爵，后来找了匹卡迪利大街145号的联排住宅做住处，离她姥姥家很近；在伦敦西南的里士满公园还有一所平房。1931年，王室在温莎公园拨给她家一所平房作为度假别墅。1936年她父亲成为国王乔治六世，全家搬进白金汉宫和温莎堡王宫，直到今天。

三岁时的"丽丽白"

小伊丽莎白的名字是跟着母亲伊丽莎白王后起的。由此演化出来一个昵称"丽丽白"，从小到大家里人都这么叫她。她出生四年之后，母亲又生了一个妹妹玛格丽特。两位公主都没有上过学校，在母亲和保姆的主管下接受家庭教师的教育，主要内容有语言（包括法语）、数学、历史、地理、音乐、艺术、舞蹈等等。

英宫往事——三个女王的个人生活

作为国土辅助队员的伊丽莎白在二战期间修理卡车。

童年的伊丽莎白没有多少故事。很小的时候曾经有个精神病患者闯入白金汉宫要谋害她而被抓。后来人们说她从小就很懂事，守规矩，性格安稳，跟妹妹玛格丽特恰好形成强烈的反差。这既有宣传女王天生有王者素质的成分，也可能跟实际情况相距不远。英国参加二战时，伊丽莎白已经13岁。当时英国政府将儿童从大城市疏散到乡下，有的甚至撤到了北美洲。在宣传中说两个公主也疏散了，实际上她俩一直待在温莎，后来还随同父母进行视察和劳军的活动。伊丽莎白曾在电台上演说进行宣传鼓动。1945年，她参加国土辅助服务队充当汽车司机，还练就了良好的驾驶和修车技术。

二战结束时，伊丽莎白已经19岁。她的婚恋问题开始提上日程。在做公主的时候，选择对象的余地比较大；一旦做了女王，可选择为结婚对象的范围就要窄得多了。鉴于乔治六世身体日衰，伊丽莎白恋爱结婚就成为王室甚至国家一项迫切的要务。

青年菲利普

这件事情，其实有人早在多年以前就开始在下功夫了，这个人叫做蒙巴顿，是英国海军上将，二战时期做过东南亚盟军总司令，人称蒙巴顿勋爵。蒙巴顿的外祖母爱丽丝是维多利亚女王的女儿，嫁到德国给黑森大公为妻。他们的一个女儿嫁给了黑森王子亚历山大的儿子路易。由于亚历山大的妻子茱莉娅不是贵族出身，属于"门户不当对"婚姻，儿子路易，也就是蒙巴顿勋爵的父亲，不能继承黑森世系，而只能用一个叫巴腾堡的姓氏。路易早年入了英国籍，参加英国海军。1917年一战正酣时，英国王朝抛弃德国名称改为温莎，在英国的其他各种德国贵族衔头也都加以英国化。已经在英国海军服役近五十年、曾任英国海军总司令的路易，将意为"巴腾山"的德国姓氏巴腾堡改为英国式的蒙巴顿，拼法和发音不同而意思不变。从上可知，蒙巴顿勋爵乃是维多利亚女王的曾外孙。（末代沙皇的皇后是他亲姨妈。）我们不厌其烦地讲这个血统关系，是因为不先弄明白，往下就更弄不明白了。

青年菲利普

　　蒙巴顿勋爵的姐姐爱丽丝嫁到入主希腊的丹麦王室，丈夫是二王子安德鲁。两人生了五个孩子，其中四个女儿，最小的是儿子菲利普，就是他，长大后成为英国伊丽莎白女王的丈夫。这个丹麦外来户的希腊王室命运多舛，国王一度被国民废黜。安德鲁带领军队跟土耳其打仗，因临阵离军而差点被处决。他们全家逃到法国，四个女儿先后嫁给德国贵族，儿子菲利普由亲戚资助，在法国、德国、英国受基础教育，最后进了英国皇家海军学院。1940年初，菲利普毕业，开始他的英国海军军官生涯。指引青年菲利普人生道路的，便是他的二舅蒙巴顿勋爵。

皇家驸马

　　青年菲利普身材颀长，金发碧眼，爱好运动，仪表堂堂。他这时可能有三条出路：一是在家族重掌希腊王权之后，留在希腊做顺序继承人和参加希腊海军；二是追随姐姐们去纳粹德国，在那里飞黄腾达；三是加入英国海军，以此为晋身之阶。他在英国皇家海军

英宫往事 ——三个女王的个人生活

学院毕业后，一度回到希腊，想走第一条路。然而在他二舅主导下，他回到了英国海军。二舅蒙巴顿勋爵是一个有大野心的人，对菲利普早有盘算，从1937年起他就打算有朝一日要把菲利普和未来的英国女王撮合成婚。1939年乔治国王夫妇携两位公主视察海军学院。

伊丽莎白公主和"驸马"菲利普在结婚日

在场的蒙巴顿让菲利普带公主们去玩。这次见面让情窦初开的13岁伊丽莎白对菲利普印象深刻。在整个二战期间，菲利普都在地中海和太平洋的英国舰队中执行任务，表现很好。1943年他和伊丽莎白再次见面，此后两人一直保持着通信。战后，他经常充当伊丽莎白出席社交场合的男伴。到了公主该找结婚对象的时候，菲利普已经赢得芳心。在舅舅蒙巴顿勋爵大力公关下，他在驸马候选人中自然名列前茅。

然而乔治六世并不愿意菲利普来做女婿。主要原因是嫌他没钱没势。菲利普出身的希腊王室在欧洲属于末流，不受尊重；他也没有巨额财产可以带到英国王室来。他这个伦敦上层社会英俊的王老五，在男女交往上也让国王很不放心。作为未婚男女，伊丽莎白并无交往男友的历史，而菲利普则罗曼史不断，其中包括一位美国阔小姐。然而伊丽莎白坚持要嫁给菲利普，眼前也没有别的更合适的候选人，乔治六世只得勉强同意。

1947年6月，伊丽莎白和菲利普订婚，11月，两人结婚。至此，菲利普放弃希腊国籍和王位顺序继承资格，从希腊正教改奉英国国教，加入英国籍。这对新婚夫妇都是维多利亚女王的直系后代：伊丽莎白是女王孙子的孙女，菲利普是女王外孙女的外孙；两人是拐了四个弯的表兄妹。

第三章 做女王难

王朝名称之争

结婚后遇到的一个难题是因菲利普的姓氏而造成的。菲利普虽然是希腊王子，但是由于希腊王室出自丹麦，他一直携带的是丹麦外交护照。他所到之处，只用名字菲利普，根本不提自己的姓。按照惯例，从女王的接班人开始，王朝的名称就要改用女王丈夫的姓氏，因此菲利普用哪个姓，关乎未来英国王朝的命名。他原来的丹麦姓是由四个德文地名连接起来的，这和其他德国味道的姓氏在二战刚结束的英国是不可接受的。在有关人士接连建议的几个名称未能通过之后，蒙巴顿勋爵推动主管王族和贵族姓氏纹章的世系纹章院里的朋友给内政大臣写信，建议采用菲利普母亲姓氏巴腾堡的英国形式"蒙巴顿"，得到了国王批准。勋爵大喜过望，以为从此英国的王室就成他家的了。谁知几年之后，姓氏的取舍造成了大问题。

1947年11月20日，仍然还是公主的伊丽莎白和菲利普在伦敦威斯敏斯特大

温莎家族徽章。图内圆形城堡就是温莎堡

英宫往事 ——三个女王的个人生活

伊丽莎白二世女王登基时的官方发表照片

教堂结婚。乔治国王赐给女婿的主要衔头是"皇家殿下、爱丁堡公爵"。当年两人能够结婚，主要是因为伊丽莎白看上了英俊帅气的菲利普。两人的共同兴趣是马：伊丽莎白喜欢赛马，菲利普则偏爱马球和马术。结婚以后菲利普去马耳他继续自己的海军事业，伊丽莎白也以军人妻子的身份跟着丈夫住在那里。相安无事。

两人结婚到今年已经是65个年头。超过一个甲子的夫妻，岂能没有磕碰？1952年2月6日乔治六世因病去世，伊丽莎白即了女王位，一个问题马上摆在面前：乔治时代属于温莎王朝，现在女王即位，按道理要从夫姓，是否应当改叫蒙巴顿王朝呢？蒙巴顿勋爵先声夺人，他在自己府邸举行的派对上举杯说："现在进行统治的是蒙巴顿王朝了！"女王的祖母、85岁的玛丽老太后听说后哼了一声道："当初改了王朝名不是让我活到今天来目睹由'巴腾堡们'取代的。"她给孙女、首相和大法官写信说，她丈夫乔治五世曾经宣布过，永远以温莎为王朝名，这不能让"巴腾堡婚姻"给改变了。她还对蒙巴顿勋爵的野心表示了不屑。

当时的首相是丘吉尔，他原来跟蒙巴顿勋爵关系挺好，后来因为后者积极支持印度独立而形同陌路。这时丘吉尔坚决支持老太后的立场。蒙巴顿还有一个大对头——报业巨头比弗布鲁克，他也表示要动员舆论界来全力反对蒙巴顿的主张。

蒙巴顿勋爵感到自己出头坚持主张不大妥当，就让菲利普自己出来说话。菲利普写信给首相说，他当初把自己的丹麦姓氏改成蒙巴顿，就已经考虑到一旦妻子继位后可能带来的不便。现在他自己的法定姓氏是蒙巴顿，他妻子和子女的法定姓氏自然也是蒙巴顿，考虑到各方面的因素，可以将王朝名称定为蒙巴顿—温莎。

丘吉尔召开了内阁会议，他自己耍滑头不出席，让首席公务员主持，通过了决定维持温莎王朝的名称不变。

年轻的女王面对的一方是惯例及丈夫和舅舅的坚持，另一方是祖母、政府和舆论的反对。她在继位两个月后做出决定，宣布温莎继续作为她本人和后代的王朝名称。不言而喻，这对菲利普是一个重大打击，也为他俩的婚姻蒙上了一层阴影。

女王一家究竟姓什么

王朝名称不变，不等于一劳永逸地解决了女王家的姓氏问题。女王一家人有好几个姓。她虽然是温莎家族的，但自己就是伊丽莎白女王，从来不用姓，她也没有护照，用不着填表交验。王夫菲利普结婚时用姥姥家的姓蒙巴顿，现在也用不着。女王在1960年时明确过，以后子女可以姓蒙巴顿—温莎，女儿安妮后来就用这个姓。但是小儿子的姓名写爱德华·温莎，没有蒙巴顿。大儿子王储查尔斯，就用查尔斯。由于他是威尔士亲王，他儿子的姓名分别为威廉·威尔士和哈里·威尔士。一家人的姓氏为什么弄得这么复杂，这个问题一般英国人恐怕也难以回答得了，我们外国人也只有存疑了。

王夫让人揪心

菲利普本来是个有事业心的海军军官。在1952年女王登基后，他不能再干海军了，跟在女王身后充当妻子的配角，精力旺盛的他感到无所事事。在跟妻子在王朝名称问题上产生分歧后，他变得沉默寡言，性情焦躁，难以相处，在私生活上也不大谨慎。据德国和意大利的报纸透露，他在伦敦市内搞了一套房子做"爱巢"，让一个叫内厄姆的朋友打掩护，跟内厄姆交往的女人实际上见的是菲利普。菲利普原本认识一个希腊富家女海伦娜·福孚尼斯，是家中世交。1951年海伦娜来到英国，成为伦敦夜生活中颇受欢迎的演出者，并跟菲利普来往，有人说她秘密为菲利普生过一个儿子。再有一桩绯闻涉及著名的女星梅儿·奥白朗。奥白朗曾经一度做过英国电影巨头亚历山大·科达的妻子。由她和劳伦斯·奥利佛合演、自英国小说《呼啸山庄》改编的电影《魂归离恨天》，是1939年最轰动的电影。奥白朗比菲利普要大15岁。两人在20世纪五六十年代交往密切。据奥白朗自己向友人表示，她和菲利普是恋人关系。虽然两人有交往是事实，但是奥白朗爱说瞎话，她这番表示的可靠性就难讲了。

菲利普在社交方面产生的麻烦还有更大的。大概在1946年或1947年，菲利普在伦敦加入了一个星期四俱乐部。这是一个一帮上层社会男人的俱乐部，地点在唐人街北面苏荷地区一个海鲜餐馆的楼上，餐馆老板提供了一个房间供俱乐部聚会，每周一次。聚会本身没啥特别的，无非是一些男人喝酒聊天，说说内部新闻，讲讲黄色笑话，解解压。然而王位继承人的丈夫也来这里，甚至在女王继位后他还继续来，这就难免要出问题。俱乐部的成员里有一个骨科大夫斯蒂芬·沃德，此人既参加星期四聚会，也去俱乐部成员在其他地方举行的派对。菲利普也是一样。沃德在自己家里也开派对，菲利普有时携一个叫麦克茜·泰勒的加拿大美女出席。菲利普的副官帕克是引带菲利普参与这些难以见人的活动的关键人物。后来帕克的妻子要跟帕克离婚，她指名要让菲利普出庭作证，以证实她丈夫和菲利普一起参与出轨活动。白金汉宫急忙出面，让此事得以悄悄了结，帕克被解除职务，女王和王夫的关系出现紧张状态。最后，据说是为了对外表明女王夫妇关系融洽和关于菲利普的种种传言不实，女王特地在1957年晋封王夫为联合王国亲王。

从1960年到1963年，英国政坛出了一个重大丑闻，就是普罗富莫事件。当时的国防大臣约翰·普罗富莫，经骨科大夫斯蒂芬·沃德牵线，跟一个妓女基勒发生了关系。这事本来是个作风问题，算不了大事，但是内幕却不简单。原来沃德一面跟英国政界上层交往，一面又跟苏联间谍武官伊万诺夫有联系。他操控着一些妓女以供他交际拉拢之用，基勒就是其中之一，她跟普罗富莫和伊万诺夫都有着性交往。事件捅破以后，普罗富莫下台，家庭破裂，从此离开政界。沃德则被抓起来审查，在取保候审期间服药

风华正茂的女王夫妇在观看赛马

自杀。菲利普和女王妹妹玛格丽特公主都参与了沃德令人侧目的社交活动，只是由于白金汉宫的大力公关，才没有在公布的案件材料中提及他俩。凡此种种，王夫能不让女王和大臣们揪心吗？

在王夫的桃色传闻中，最让女王不好办的大概就是菲利普跟亚历山德拉郡主之间的暧昧关系了。肯特的亚历山德拉郡主是女王的嫡亲堂妹，她叔叔的女儿，比女王小十岁。菲利普别的绯闻都出在外面，女王可以装聋作哑，说没看见。但是这件事情不行，因为就在自家门里，这郡主可算是最近的亲戚。亚历山德拉是个有名的美女，有一种英格兰玫瑰就以她命名。她从小就为菲利普而倾倒，27岁结婚后，还是跟菲利普保持亲密关系。据说两人的关系延续了20年。菲利普的二舅蒙巴顿勋爵曾经写信提醒他注意，女王也向别人诉说过自己的心事。最后到了菲利普年纪大了，这事总算结束了。亚历山德拉自己的女儿玛丽娜长大后曾经为恋爱而叛逆过，当母亲对她进行教育时，她威胁说要把家里的丑事捅出去，让她父母和女王都十分担心。最后总算将她安抚好了，这才避免了出一次大洋相。

年岁大了之后，女王夫妇之间的摩擦自然慢慢少了。不过菲利普的出身和直筒子性格还是给他带来不少闲话。他曾经兼任过剑桥

大学校长，在某次去了该校的一个学院后，有的大教授说怪话："他跟厨房职工关系特好，跟本科生也还不错，跟学者们交往可就可悲了。"还有一回他说话得罪了一个巴西海军的将军。他问人家这么多勋章是不是在首都巴西利亚的人工湖上获得的。将军回答说："是的，不是因为结亲得来的。"

女王的知音

迄今为止，没有听说伊丽莎白女王自己有什么绯闻。然而她肚子里也有好多话得找个地方倾诉，需要有人帮她出主意。这样替她排解烦心的人曾经是有的：他便是原来女王父亲乔治六世和女王本人的副官普伦凯特勋爵。普伦凯特比女王大七岁，相貌英俊，举止文雅，谈吐得体，从1954年起担任女王内廷的副总管，负责保证皇家活动和国宴的雍容典雅。女王认为勋爵是一个可以交心的朋友，在很长一段时间里，甚至每周都要在他陪伴下出宫，微服乔装，架着带色眼镜，包着头巾进影院看场电影或者在餐馆的角落里吃顿饭。但是他俩绝对不会有出格的事，因为勋爵是个同性恋。普伦凯特于1975年去世，女王十分伤心。在他患癌症忍受病痛期间，女王不断给他安慰和鼓励。他死后，女王在温莎公园的山谷花园里为他造了一个有四个柱子的纪念性小亭，不时前去凭吊。

王妹更不省心

菲利普的举止给伊丽莎白带来的麻烦已经够多的了，但这点麻烦还远远不够。接下来的大麻烦就是妹妹玛格丽特公主。玛格丽特面貌姣好，体态轻柔，举动活泼，性格外向；她弹得一手好钢琴，有着婉转的歌喉；她喜欢抽烟、喝酒、跳舞、观剧、夜生活。这样的公主能少得了新闻吗？

　　公主身边围着一批英俊文雅的青年人，然而公主中意的却是年龄大一点、更加成熟的男士。她的目光首先就落在了丹尼·凯身上。丹尼·凯是个美国演员，年龄要比18岁的公主大一倍，已婚，曾演过多部好莱坞电影，1948年在伦敦舞台上走红。玛格丽特被他所吸引，还曾带着国王和王后去后台化妆室跟他见面并请他去白金汉宫赴宴。两人的私情被发觉后，国王当然坚决反对，伦敦戏剧界的朋友警告丹尼·凯，快点回美国去，别再在英国混了。一件丑闻就这样被掩盖过去了。

　　在交了一些别的男朋友以后，玛格丽特彻底爱上了一个心仪已久的人，空军上校彼得·汤森。汤森是位英国二战空军英雄，是1940年不列颠空战中参与击落第一架德国轰炸机的飞行员之一。他在1944年被乔治国王选中做了副官。当时14岁的公主对已经30岁的汤森颇具好感。到了1953年姐姐伊丽莎白女王加冕的时候，汤森已经是女王内廷的审计官。通过长期接触，公主坠入爱河。汤森本有家庭，这时因妻子红杏出墙已经离婚恢复单身，按说他跟公主两情相悦，未可厚非。但是宫中官员和首相丘吉尔都不赞成，女王虽然理解妹妹，但不鼓励她这样做。玛格丽特和汤森深知在结婚的路上举步维艰。英国国教不承认离婚。根据1772年《皇家婚姻法》的规定，任何王位顺序继承人在25岁以前结婚都需要经过君主批准，而女王作为英国国教教首是不可能批准的。如果当事人到了25岁时还想结这个婚，可以向枢密院表明态度，在议会两院于12个月以内不表异议的情况下，他们就可以按照自己的意愿结婚了。接着，在首相丘吉尔和最高级教会人士坎特伯雷大主教的作用下，汤森被立即派往驻比利时大使馆任武官，玛格丽特去海外代表王室进行外访，两人被拆开

伊丽莎白二世青少年时代跟母亲和妹妹合影

英宫往事——三个女王的个人生活

了。在此后一段时间里，两人各自寻找发泄情绪的生活，但仍旧希望有好事能成的那一天。

到了25岁的时候，玛格丽特找首相谈自己结婚的问题。这时的首相已经从丘吉尔换成艾登，他本人和不少内阁成员都是离过婚后再婚的，应当会有些松动。出乎公主的预想，艾登说政府的态度仍然是不同意她和汤森结婚，原因之一是如果同意了，枢密院院长兼上院领袖索斯伯里侯爵就要辞职。假如他们想通过民事而不是教会途径结婚，按照《皇家婚姻法》的规定，公主将被开除出王位继承序列，并且不能再获得王室费的供养，也就是没有了正式的生活来源。玛格丽特和汤森研究了这一情况，决定无论如何也要结婚。对此，政府表示，如果结了婚，那他们就得去国外住几年，甚至得待上十年。舆论界也来起哄：首先记者们没完没了地缠住汤森，让他居无宁日。接着《泰晤士报》显然是在白金汉宫的授意下发表社论说，"公主姐姐的大批臣民都切望公主终身幸福，但是他们的良知难以认同公主现在将要进行的结合是一种婚姻"。被放逐的前景和舆论的诟病，最终使这对鸳鸯认命了。汤森意识到自己不可能给所爱的人带来幸福的生活，他替公主起草了一份声明，宣布鉴于教会关于婚约不得解除的规定和本公主对于国家的责任，决定将不跟汤森上校结婚，玛格丽特签字发表了。

声明掩盖了婚姻受阻的实情，但是满足了政府和教会的要求。公主的母亲和姐姐虽然不像他们那样坚决反对，但也不愿由于这桩婚姻而再次发生从王位继承顺序中除名的事情。爱德华八世的先例给王室带来的伤痛太大了。她们不愿看到王室血统无条件继承的基础又一次被动摇，这将造成对王朝合法性的质疑。在以后的几年中，玛格丽特和汤森继续不时有着秘密

青年时代的王妹玛格丽特公主

交往，同时又各自开拓其他的两性生活。在玛格丽特交往的人士中，有一个摄影师安东尼·阿姆斯特朗—琼斯成为她的入幕之宾。1959年10月，汤森写信告诉公主，他准备跟一个比利时富家女结婚。信到之日恰逢摄影师向她求婚之时，玛格丽特无奈之下就答应了。王室并不看好这门亲事，但总算让公主有了个归宿，捏着鼻子也就认可了。婚礼在1960年举行。第二年，摄影师被封为斯诺敦伯爵。两人生有一男一女，然而这样的婚姻能长得了吗？在整个60年代里，日子过得很不顺遂，玛格丽特三次进了医院急诊，其中两次因为喝安眠药自杀，一次由于精神崩溃。到了20世纪70年代，夫妇两人都在外各自找乐，公主不时出现绯闻，成为社会嘲弄的对象和王室的累赘，最后斯诺敦提出离婚。女王想阻止，但是阻止不了，因为斯诺敦表示要上法庭民事解决。王室怕把事情捅到社会上去，再度造成大丑闻，只得悄悄解决。公主夫妇于1978年离婚。她在晚年时经历了多次病患打击，于2002年去世。玛格丽特公主跌宕起伏的一生，让人们在感叹之余，也有了许多可以对于英国社会特别是王室和上层社会进行深入思考的素材：这样显赫优渥的生活，怎么会造成如此扭曲的人生？

第四章 做王子公主也不易

安妮公主

有老话说，儿女不外两种：一种生来是来要债的，另一种是来还债的。伊丽莎白女王和菲利普亲王生了三男一女，你说他（她）们是要债来的还是还债来的？客观一点看，两种情况都存在：他们给父母添了好多麻烦，好像是来要债的；他们无可选择地成为王室的一员，就是被套上了一个紧箍咒，言行受限，往往不由自主，又像是来还债了。用世俗的物质尺度考量，他们享尽了荣华富贵，没什么可埋怨的；以"不自由毋宁死"的个性解放标准权衡，他们有受委屈的一面。我们如果结合上面两个角度来看待女王子女的生活，有可能会看得更清楚一点。

有一个年轻人比较聪明，走到王室圈子边上就不肯进去了，没有掉在这个是非坑里。女王的女儿安妮公主的初恋情人哈普尔是个股票经纪人，王室曾经认为安妮会跟他结婚，给了他接触宫廷生活的机会。结果他发现自己过不了这种日子，就跟安妮分手了。安妮自己一直就想做个普通人。她容貌一般，学习成绩平平，没有别的嗜好，唯独酷爱骑马，精通马术，1971年曾获欧洲马术比赛冠军，还是1976年奥运会英国马术代表队成员。安妮爱马成性，连她自己都解嘲说:"我一出现在公众场合,大家就以为我会嘶叫、咬牙、刨地和摇尾巴。"这话说得跟实际情况不大离。据说某次在宴会上,她跟邻座的人从开始到结束一个劲儿地谈马,根本不容人家分说。最后她让人家把糖递给她,邻座的年轻人倒了两块糖在手心里递了过去,就像喂马一样。

在哈普尔之后,安妮公主交了好几个男朋友,其中一个谈恋爱未成正果但一直保持着友谊,你猜是谁?安德鲁·帕克-鲍尔斯。此人后来跟卡米拉·珊德结婚又离婚,卡米拉再后来造成温莎王室大乱,如今成为查尔斯王子的第二任妻子,做了安妮公主的嫂子。最后成为安妮第一任丈夫的,是女王龙卫兵中尉马克·菲利普斯。菲利普斯是乡下土财主家庭出身,在部队里表现并不突出,但是马术特棒,安妮很是佩服。报界对于两人之间的恋爱关系早有疑惑,但是白金汉宫总是表示并无其事。1973年5月两人订婚的消息一公布,报界就认为宫里一直在欺骗他们,弄得后来宫里再否认什么事就没人信了。其实他俩对于从朋友演变为爱侣的过程连自己也是逐渐意识到的。女王夫妇对于只懂马术不及其他的女婿也并不中意,希望这桩婚事在最后关头告吹。然而安妮看中菲利普斯的就是他的平凡普通,婚礼终于举行了。由于安妮的坚持,女王没有给女婿加爵,而是用将近一千万英镑给夫妇俩买了一个大农庄,让女婿能够仿效他的祖先回归到乡绅生活里去。他们先后生养了一女一子。安妮决心设法让自己的后代不担负皇家责任,首要的措施就是不让他们获得皇家衔头,所以安妮的子女像其父亲一样,都没有贵族爵位。安妮公主的不好惹是出了名的,连她父亲都深有领教。1974年,有一个疯子在白金汉宫门前的林荫大道上拦住了她的汽车,想把公主拉下车进行劫持。他开了六枪,打伤了保镖等人。父亲爱丁堡公爵颇为自豪地说:"如果这个家伙真的把安妮

伊丽莎白二世女王的女儿安妮公主

劫到了手里,她会让这家伙够受的。"

一般说来,彼此社会地位相差悬殊的夫妻,如果女的高,男的低,除非女的多加谦让,男的心胸开阔,否则一定会闹得不可收拾的。在性格刚强的安妮的婚姻里,恰好中了这个魔咒。安妮自认为从来没错,也就从不认错;而夫妇俩都是驭马高手,习惯于让马服从自己而不会被马所左右,这种习惯也移用到了夫妻关系上来。因此,日子一长,夫妻反目就成了常态。公主夫妇在各自经历了若干个婚外恋之后,先是分居,最后决定离婚。英国法律要求在法定分居两年后,方可进行友善而谁都没过错的离婚。这时安妮已经有了一个比她小五岁的情人,海军军官提摩西·劳伦斯,他们打算在安妮离婚后结婚。这事在宫内、政府内和上层集团里都有阻力。但是女王不让爱女重复过去妹妹玛格丽特公主的遭遇,决心让安妮嫁给自己所爱的人。由于英格兰教会仍然不为离异配偶尚在世的再婚者证婚,安妮的第二次婚姻是在苏格兰教堂举行的婚礼。安妮婚后也不断传出夫妇不和的消息。又有报道说插入的第三者乃是公主的旧恋安德鲁·帕克-鲍尔斯。若果真如此,有一天卡米拉和前夫成了温莎王室里的嫂子和妹夫,倒的确是一件令人发噱的事情。但是据说女王表示,不管公主夫妇实际婚姻状况如何,绝对不允许公开分居和离婚。她和他深知这类事情对王室可能造成的损害,大概会照着女王的意思去做。

跟她哥哥和大弟弟的婚恋纠葛所带来的轰动同给予女王母亲的冲击相比,安妮婚恋遇到的风波只能算是杯中风暴,小事一桩。

安德鲁王子

安妮的大弟安德鲁王子生于1960年,受封约克公爵。他从小顽皮淘气,功课一塌糊涂,但又不是那种能拢住一帮同伴的孩子头,而是像一个拖着鼻涕、喧闹起哄的胖墩儿。他爱说大话,爱咋呼,在学校里外号"伟大的本人"。他总想让人尊重他,但往往得到相反的结果。有一次白金汉宫一个男仆被他气急了,狠狠地打了他一巴掌,事后向女王提出辞职。女王不让辞,说"希望这回对他有点好处"。他的成绩上不了像样的大学,只好进了海军官校。从1979年到2001年,安德鲁在海军服役22年,最后官阶是中校。他作为直升机飞行员参加过马岛(福克兰群岛)战役,立过战功,也做过扫雷舰舰长。近年来,他成为英国贸易和投资部的特别代表,到国外当英国贸易和投资的推销员和联络员。据说他起了一些推动作用,但也是工作不忘享乐,交友不慎,引来不少微词。去年夏天白金汉宫表示,安德鲁王子将继续促进英国贸易但是不再当特别代表了。

伊丽莎白二世女王的二儿子安德鲁王子、约克公爵

　　安德鲁给他母亲和王室带来的最大麻烦是他的婚姻。他从16岁起就陆续有过多个情人,后来跟一个美国女演员库·斯塔克相好,彼此可能有过婚嫁之论。库演过一些所谓"软色情"电影,名声自然欠佳。英国广播公司曾经在晚间新闻里插播过库的暴露电影镜头,引起了人们关于她是否适合嫁入王室的议论。女王本人倒是挺喜欢她。人们也都认为她对安德鲁有着良好的影响。然而,安德鲁的父亲菲利普认为这件事最后成不了,所以出面阻止。不管怎样,安德鲁不能总是当光棍,已经到了必须找一个老婆的时候,据说王室曾经委托安德鲁的嫂子戴安娜王妃帮忙去找。戴安娜给介绍了一个姑娘莎拉·弗格森,昵称"弗姬"。弗姬出身小贵族家庭,父亲是个陆军少校,当了查尔斯王子的马球队经理,从王室讲来也算知根知底。然而弗姬本人可不是淑女类型:疯疯扯扯,到处嬉笑,大声喧哗。她一头红发、浓眉大眼、身材性感,颇得性格相近的安德鲁的欢心。那时她正和一个赛车手出身的富豪麦克纳利交往,但是相交四年后男方仍无结婚的意思,于是她就投向了安德鲁。一来二去,

英宫往事——三个女王的个人生活

弗姬。她还挂着"约克公爵夫人"的头衔

安德鲁和弗姬就打算结婚了。王子要结婚，对象必须经过保安审查。调查的结果使得女王对弗姬的过往情史心存疑虑，不肯同意他们结婚。据说是女王母亲和戴安娜最后说服了女王。结婚当天弗姬就出了洋相，在白金汉宫阳台上露面时向人群做鬼脸，实在不像个王妃的样子。在那以后，这位约克公爵夫人就以放浪形骸、无所顾忌而著称。她跟安德鲁生了两个女孩，但她实在耐不住王室那种刻板无趣的生活。当安德鲁执行海军任务较长时间不在家的时候，她就自己去找快活了。首先是乱花钱，她到处以王妃的身份赊账，经常接到催付通知。后来又以出席各种场合的名义收取出场费。再后来就跟一些富商混到一起。对弗姬的行为举止，丈夫安德鲁虽然并不深究，但女王婆婆已经难以忍耐了。重要的王室成员是受到监护的，弗姬也不例外。据说是由负责保安的军情五处设局，把一包弗姬和富商斯蒂芬·怀亚特衣着不整地在一起度假的照片，放置在怀亚特刚刚搬空了的房子里，从而泄漏给了报界。照片一出，弗姬就失去了回旋余地。后来又发生了一次照片事件。这次是一个意大利摄影记者在军情五处的帮助下，拍下了120张弗姬跟另一个阔佬不堪入目的照片，并刊登在英国报纸上，这一来即便安德鲁肯原谅，两人的婚姻也无法挽回了，弗姬只得听凭自己被逐出王室大门，在1996年离婚。然而弗姬和安德鲁商定，两个孩子由双方共同抚养，两人还是都在安德鲁原来府邸同一屋檐下，分开居住，到现在两人还保持着良好的关系。弗姬离婚后，写书、拍电视片、做模特，

安德鲁的弟弟、女王的小儿子爱德华王子、威赛克斯伯爵，他倒没有制造过多少新闻

还清了欠债，据说日子过得还不错，但是跟温莎王室算是情断义绝了。2011年春天威廉王子大婚，他的两位嫡亲堂妹都出席，但她们的母亲弗姬就未被邀请参加。弗姬对于王室生活并不留恋，虽然她现在还挂着"约克公爵夫人"的头衔，但她自己一直说，我不是过这种日子的材料。这的确是实话。

在弗姬跟安德鲁分居的同一年，1992年，她的朋友兼妯娌戴安娜王妃也跟查尔斯王储达成分居，并最终在1995年离婚。如果说，弗姬给温莎王室带来了难堪，那么，戴安娜所带来的难堪就是王室自找的了。

查尔斯 戴安娜 卡米拉

戴安娜和查尔斯的结合，从开始就是王家设的一个局。为什么这么说，且待慢慢道来。

查尔斯个头中等（175厘米）、性格内向，没有那种器宇轩昂、孔武有力的男子汉气概，从小就让他父亲爱丁堡公爵有点失望，也造成了他比较压抑自己。他19岁进剑桥大学，开始和女性有了肌肤之亲，但不会培育恋爱关系。他不知自己要什么，也不善于表达。查尔斯刚出生不久，他妈妈伊丽莎白在给朋友的信中描绘过他的小手是"纤细，手指长，很不像我的，更绝对不像他爸爸的。看它们会变成什么样子是挺有意思的"。还别说，从这双婴儿小手真能看出点长大后是个什么性格。大文豪萧伯纳对于查尔斯的出生有一种另类的评论。他当时说，还在当公主的伊丽莎白有了后代太可惜了。问他为什么这么说，他答道：也许让玛格丽特公主来坐王位要更好些，因为在位君主的第二个孩子接班做君主往往会比大的那个好，他还举了乔治五世和乔治六世来支持这个理论。

查尔斯1972年24岁时认识卡米拉·珊德，坠入爱河。卡米拉出身于富有的贵族家庭，比查尔斯大一岁，在当时伦敦社交界风头正劲。她跟查尔斯交往的同时,还跟一个叫安德鲁·帕克-鲍尔斯的交往。1973年,查尔斯离开伦敦前往海军服役,临行前没有对卡米拉做出什么肯定的表示。而在他走后,帕克-鲍尔斯向卡米拉求婚。卡米拉觉得自己也到该定终身的时候了,而查尔斯又没有给个盼头,于是就接受了求婚。几个月后查尔斯从海军回来,发现卡米拉婚事已定,悔之莫及。查尔斯继续和卡米拉及她的丈夫保持来往,同时也交了一些别的女朋友,其中一个就是莎拉·斯潘塞,他后来妻子戴安娜的姐姐。

斯潘塞伯爵一家是英格兰中部望族。然而莎拉跟查尔斯并不投缘,后来她公开表示不爱查尔斯,不可能跟他结婚。而查尔斯的感情也一直放在卡米拉身上,到1979年卡米拉丈夫去非洲工作时,两人就非常密切了。王室考虑,查尔斯已经三十出头,婚事不能再拖了,于是就张罗着给他找结婚对象。女王母亲有个好朋友弗莫伊夫人,夫人的外孙女莎拉·斯潘塞虽然没能跟查尔斯配成对,但是小外孙女戴安娜·斯潘塞看来是个合适的人选。戴安娜1980年时19岁,模样漂亮、一头短金发,身高体长(178厘米),体重略超但反显性感,缺点是父母经过残酷法律官司后离异因而有心理创伤,加上高中也没毕业,文化程度不高。不过当时王室预见,经过调理,将来一定是个美人;少不更事则正好是个可塑之材,王室想捏成什么样就什么样。查尔斯是戴安娜第一个认真的男朋友,她很快就被他所吸引。1981年初,查尔斯向比他小13岁的幼儿园教师助理戴安娜求婚,当时就被接受了。官方把婚礼定在当年7月。

然而事情绝非这么简单。很快,男女双方就都产生了疑虑。查尔斯的心实际上还在卡米拉身上。他也怀疑跟一个年龄比他小很多且教育程度和兴趣爱好都有巨大差别的妻子

查尔斯王储

能不能过得好。他父亲爱丁堡公爵对他讲：第一，他得赶快结婚并且生出接班人来。第二，如果两个人以后过不下去，可以明着维持夫妇关系，暗着分开各过各的不就行了？戴安娜提出的问题就要严重得多。早在宣布订婚几个月前，英国有报纸报道说戴安娜在某晚偷偷进入了查尔斯的皇家火车车厢。戴安娜的婚前纯洁是她的重要品德。白金汉宫就出来坚决否认，但报纸不肯改口。后来有人透露说，进入火车的女人不是戴安娜而是卡米拉。戴安娜当然知道那女人不是自己，她隐约怀疑是卡米拉。就在婚礼举行的前几天，戴安娜打开一个礼物包装，发现里面是一个价值昂贵的手镯，上面刻着查尔斯赠给卡米拉的字样，不过用的不是本名，而是各自亲热相叫的别名。这一下就捅了马蜂窝。别看戴安娜小小年纪，一副甜心模样，她也有斩钉截铁的时候，这一回实在按捺不住怒火，要求婚礼停止举行，既然查尔斯不爱自己爱别人，那就干脆推翻婚约。

　　王室急忙找人来救火。这个人便是戴安娜另一个姐姐简，她的丈夫是白金汉宫的一名高级官员，后来在上世纪90年代成为女王私人秘书，在中国大概等于国家主席办公室主任。姐姐长时间的劝慰不能生效，女王表示，如果过了一天一夜也还实在劝不过来，婚就不结也罢。最后，戴安娜好歹同意结婚，婚礼如期进行。这段婚姻难道不是一个蓄意设计的局吗？查尔斯不想结这个婚，又受了父亲指使去哄骗戴安娜入彀，既害了人，自己也是受害者。戴安娜一个念书不多的年轻女孩，开始受骗上当，后来被威逼利诱，终于吞下苦果。以后发生的一切，可不就是王室自找的了！

　　就这样，金童玉女的"世纪婚礼"终于上演，全世界有七亿人从电视屏幕上观看了这出大剧，其中很少人意识到自己被耍弄了。强扭的瓜甜不了。就在蜜月期间，戴安娜发现查尔斯的日记本里掉出来一张他跟卡米拉合影的照片，接着又发现查尔斯衬衫的金属袖扣上镶着两个相缠的字母C，也就是查尔斯和卡米拉。于是夫妻之间的争吵从此开始。查尔斯的性格既柔弱又固执。一方面，他惯于让女性摆布，不论是姥姥、母亲、姨妈和妹妹，他都对付不了，见了他父亲更是害怕。另一方面，他该干什么还干什么，比如说坚持爱卡米拉，坚持打马球、打猎等爱好。除此之外，他作为王位第一接班人，担负的任务和要出席的场面也不少，公事私事加在一起，时间就很紧了。戴安娜感到宫廷生活空洞无聊，不自由，还整天见不到丈夫。结婚不久后她怀了孕，出现了围产期忧郁症状，有时哭闹。查尔斯不知所措，也不理解，往往一躲了事。夫妻间的摩擦经常出现，到了1984年小儿子出生以后，两人就分房居住，安排不同甚至互相冲突的日程。查尔斯经常住在乡下自己的农庄里，卡米拉常去；戴安娜带孩子住在肯辛顿宫，周末去农庄，往往不欢而散。后来查尔斯公开承认，他在无可奈何的时候曾经面向植物倾诉衷肠。查尔斯夫妇的情况，尽在女王母亲的掌握之中。她不但亲眼目睹过他们吵架的情景，也不断收到负责监护王储夫妇的军情五处的报告。

戴安娜鄙弃那些表面风光的王室礼仪，而积极参与深入基层、同情弱者的亲民活动，声誉日隆。相比之下，查尔斯显得刻板、窝囊。年复一年，戴安娜不想再这样生活下去了，要逃出这个金丝雀笼子。在1991年结婚满十年时，她做出了一个决定，要设法把王储家庭生活的实际情况捅出去，为出走铺路。其结果便是1992年5月由英国作家安德鲁·莫顿写的一本书《戴安娜：她的真实故事》。在这本书里，莫顿讲述了戴安娜的忧郁症状，她对查尔斯和卡米拉关系的怀疑，甚至因压力太大而有自残行为等等外人不知的情况。对于查尔斯，书里则多负面的描写。就在差不多同时，有另外一本书出版，对戴安娜和查尔斯都没有说什么好话，但是有一点值得注意的是，书中明确认为，查尔斯对卡米拉的爱是无限的。宫中的内情一经披露，英国民众分为两派，其中支持戴安娜的人多，支持查尔斯的人少。女王亲自出手了。她公开邀请卡米拉坐进温莎马球赛的皇家包厢。戴安娜也不示弱，她去访问一个朋友，而人们都知道此人乃是莫顿写书的资料来源，这样就间接证明了莫顿所叙述情况的可靠性。

1992年6月，女王和查尔斯、戴安娜夫妇开了一个会，讨论怎么办。戴安娜答应对外表示沉默，在各种皇家有义务的场合露面，包括跟查尔斯一起出面的活动。反过来，她可以得到实际上已经存在的非正式分居。但是事情并没有

卡米拉和黛安娜

到此完结。不久之后，伦敦《太阳报》发表了一份电话录音谈话的文字。谈话的一方据说是戴安娜，另一方是她的老朋友约翰·吉尔贝。谈话的内容暗示两人存在暧昧亲密的关系。追查谈话是谁录的音时，可以明显看出军情五处深深参与其中。无独有偶，过了些日子，澳大利亚《新思想》杂志登了另一份录音电话文本。这一回主角成了查尔斯和卡米拉，内容远远不止是暗示了。在谈话中查尔斯表示希望自己变成一块卫生棉，卡米拉十分热情地予以回应。那年11月，温莎堡发生大火，烧掉了一些房屋和财产，幸好没有伤人。12月，首相约翰·梅杰向下院通报，王储和王妃决定正式分居。这个1992年，对于女王来说，女儿离婚和再婚，二儿子分居，大儿子分居，加上家中失火，可说是倒霉透了。她无可奈何地在演说中表示，"本来挺有盼头的一年"结果成了"恐怖的一年"。

查尔斯和戴安娜分居以后，在1993年春让人将放在温莎堡里的共有物品归拢起来，足有两大卡车，运到查尔斯的乡下农庄一把火烧掉，两人从此恩断义绝。那时人们说英国有了两个小朝廷：一个是王储的，另一个是王妃的。戴安娜的小朝廷越来越受民众欢迎，查尔斯的影响则与日俱下。王室明显地感到了威胁。如果戴安娜风头强劲而查尔斯愈显窝囊的状况继续下去，他要想接班当国王，就越来越得不到民众的支持。1994年是查尔斯正式被授予威尔士亲王称号25周年，王室想借助这一时刻设法提振查尔斯的人气。女王亲自干预，要求双方休战。戴安娜同意停止安排活动至少一年。她巧妙地发表了一个声

明，既表示要休息了，而潜台词又让人明白她这样做是被迫的，而且还会回来。作为重要的公关手段，王室授权出版了查尔斯的一本传记和一部电视纪录片。它们并没有带来预期的宣传效果，而查尔斯在书中第一次公开承认跟卡米拉有两性关系。书中还给读者留下如此印象：他从来没有爱过戴安娜，而是在父亲的威逼下才和她结婚的。这使他父亲、戴安娜和王室都感到十分不满。就在这一年，又发生了一件让戴安娜既难堪又伤心的事。原来在80年代中期戴安娜感到彷徨无助时，跟卫队上尉约翰·休伊特一度发生过恋情。休伊特贪图钱财，这时在重金收买下，将他跟戴安娜的私情详细披露给一个出版商，由女作家安娜·帕斯特纳克写成一本书在美国出版，书名叫《恋爱中的王妃》。这个休伊特做了一件一个男人最为世人所不齿的事情。1995年11月，英国广播公司电视节目《全景》播出了马丁·巴希尔对戴安娜的访谈。在访谈中戴安娜叙述了自己嫁入王室后所遭遇的困难，跟查尔斯过不下去的原因，以及在分居将近三年之后已经到了应当有个说法的时候。她表示自己并不愿意离婚，但是要看查尔斯有何打算。她还说她跟吉尔贝并无出格的关系，而跟休伊特则存在着婚外恋，对于婚姻不忠。她还揭露说，分居以后王室就封杀了她的公开活动日程，但她还坚持在没有公开报道的情况下继续从事下基层、亲弱者的活动，遭到查尔斯手下人员因恐惧而产生的敌视，真不知她的力量从何而来。

到了这个时候，既然王储夫妇生活的秘密已经暴露在光天化日之下，这场婚姻也就没有必要再维持下去了。1995年12月20日，白金汉宫宣布，女王已经给查尔斯和戴安娜写了信，让他们早日离婚。1996年8月28日，王储夫妇办完了离婚的全部手续。离婚协议规定，戴安娜不再获称"殿下"，但是保留"威尔士王妃"称号，继续住在肯辛顿宫，获得一笔赡养费用。她继续从事慈善活动，并积极推进禁止使用地雷的运动，亲自象征性地在安哥拉雷区步行，仍然受到英国国内外广大民众的支持。在私人生活上，她从1995年开始同在英国的巴基斯坦心脏病专家哈斯纳特·汗进行了两年的恋爱，据说汗医生乃是戴安娜一生的真爱。但是这段情史以男方实在受不了公众注意的压力而终告结束。后来戴安娜又与伦敦哈罗兹百货公司的小开多迪·法耶德交往。在她正式离婚刚刚一年后的1997年8月，戴安娜和多迪在巴黎出车祸身亡。

此后，对于导致这场车祸的原因，阴谋论层出不穷。多迪的父亲老法耶德一直坚持车祸是阴谋导致的，并直指策划人为王夫菲利普亲王，执行人为军情六处。经过十年反复调查，最后法庭在2008年作出结论，车祸系因驾驶员超速失控所致，并无阴谋在内。老法耶德也宣布事情已经过去十年，为了两位王子的安静生活，不再提阴谋的事了。

就女王来说，围绕王储和戴安娜的婚姻及戴安娜之死，给她带来了可说是前所未有的挑战，真是刻骨铭心。而我们则从戴安娜身上，看到一个年轻妇女，单身一人，由于受到了欺侮，在英国国内及世界范围内广大民众的支持下，跟英国王室和权势集团进行了面对面的斗争，并且占了上风。她虽然不幸去世，但到最后她也是个胜利者：为她举行了国家、王室和英国国教相结合的隆重葬礼；女王不得不在葬礼前一天发表直播电视演说进行悼念；她从前的公公和丈夫不得不参加护棺送葬；而只要英国继续存在君主制，她的儿子就会当上国王。她已经去世15年，但她的影响仍然可以感觉得到。戴安娜在1995年电视访谈中曾经说过："我是一个自由的精灵。"这很可能是她对于自己最为本质的精辟描述，她的一切行为都是从这里衍生出来的。在整个20世纪里，像戴安娜这样造成世界性影响的妇女屈指可数。人们在不了解王室内情的时候，可能会偏于看重戴安娜引领妇女时尚的美貌才具和同情弱势群体的优良品德，然而在知道真相以后，不论是男是女，也许更可能会从戴安娜身上汲取不向命运低头、追求自由和公平、不畏权势、以弱胜强、奋斗前进的力量。

第五章 女王怎样过日子

〰〰 女王的公务活动 〰〰

作为女王，伊丽莎白首先要完成的就是国家交付自己的任务。英国政府管自己叫做女王陛下政府。每年议会开幕时，女王出席宣读她的政府的施政纲领。实际上，政府的活动跟她并无关系，施政纲领也是执政内阁的纲领，人家写好了让她去念一下而已。

然而女王还是有不少公务活动的。每星期二晚上，是首相觐见女王的时间。在这个时间里，女王和首相在房间里密谈，不做记录、没有人陪伴。首相会把最近的情况向女王报告，但是究竟谈了什么，没人知道。早年丘吉尔跟女王的关系最好，谈得最融洽。后来工党布莱尔执政的时候，关系大概并不很好。但是当1997年戴安娜王妃突然去世，温莎王朝处境相当困难的时候，据说正是由于布莱尔拉了一把，才算度过难关。

女王关于政事的咨询机关叫枢密院。枢密院的代表每月要跟女王见一次面谈政事。170年前维多利亚时代，枢密院成员的人数是85人。伊丽莎白二世刚登基的时候是175人，现在已经超过400人。人数日多的原因是：枢密院成员到了职业退休的时候，并不一定要从枢密院这个社会地位很高的机构退休，这样就有很多人一直头戴这顶高帽子到死。而新的成员又不断加入，这样就造成枢密院成员人数只增不减。枢密院全体成员一起见君主的场合只有两个：一是新王登基，二是君主未婚而打算要结婚，需要向枢密院全体通报一下。至于伊丽莎白女王跟枢密院的几个代表的月会，多半是走走过场，对于实际政治并不起什么作用。

女王真正产生影响的活动是她作为英国国家元首对外国的访问、对她作为元首的另外15个国家的访问和在国内进行的巡行和视察。女王对外国的国事访问基本上每年或每隔一两年就要进行一次到几次，比如1986年访问中国，2006年接连访问了立陶宛等波罗的海三国，2011年访问了爱尔兰。有时她代表好几个她担任元首的国家进行访问，如2010年就代表英国、澳大利亚、加拿大、新西兰、牙买加等16国访问了美国和联合国。随着女王和王夫年事日高，他们的出访和国内视察也就日渐减少。安妮公主替女王出席一些场合，王夫菲利普则由查尔斯替代。女王另外两个儿子也频繁代表王室出面。可以想见，今后除了不能不出面的如议会开幕式、停战纪念日等重要场合外，女王夫妇亲自出席的将会越来越少。

女王的钱袋子

伊丽莎白女王的收入来自四个方面：王室费、补助金、内库收入和君主私人收益。

王室费是议会决定拨给君主及其配偶为保证进行其分内活动所需的费用。在1689年以前，君主从自己继承产业的收益来支付防务费用和王室花销，从而对这两方面都有绝对的控制权。1689年以后，议会决定反向而行，王室的花销由议会拨给，而防务开支的拨款权也改为议会所持有。这就是王室费的由来。到了1760年，章程有了大的修改，议会决定君主交出除兰卡斯特公爵领地和康沃尔公爵领地之外的一切收入，议会则负责付给此后历代君主王室费。到了当今伊丽莎白女王的时代，规定每十年确定一次王室费金额，并

英宫往事 ——三个女王的个人生活

可随通胀率而调整。2011年的王室费为790万英镑，这个数字已经11年没有变了。预计女王夫妇在2011年的公务开支（包括办公费、职工工资、招待费，等等）需要1400万英镑，所形成的700万英镑缺额将由王室费储备金来填补。

补助金是政府给的，用以开支宫殿（不包括如伦敦塔那样的王室不住的宫室）的维护费用，每年由议会拨给环境保护部。如白金汉宫就有环保部派来的50个人负责宫殿的保养。

内库收入是兰卡斯特公爵领地提供的。英格兰君主自1399年以来就兼任兰卡斯特公爵，这个领地的收益现在是交给政府财政部的，其中的一部分就拨为内库收入，用来开销君主的半官方用途的花费。兰卡斯特公爵领地的财产不仅是几个郡里的五万英亩土地，而且包括伦敦市中心商业区的一些房产和地产。这些产业的年收入是很可观的。

女王还有些私人收入，如个人投资的收益、苏格兰的巴尔莫勒尔别墅和诺福克的桑德林汉姆的宅邸等上辈遗留产业的收益等。关于这些收入的数目，说法不一，现在还没有公开，权且不论。

讲到这里，我们把女王的收入概括一下：原来英格兰的君主有许许多多能够收益的财产，后来君主把它们交给了政府，形成了一种王权产业。作为回报，政府每年拨给君主一定数额的王室费作为公务经费。政府还允许君主继续拥有兰卡斯特公爵领地。虽然领地的收益都交给了财政部，但其中一部分又返还给君主供开支之用。此外，君主还有自己可供动用的财产，如两个别墅、个人珠宝首饰和艺术品、个人投资等等。据说女王是世界上最富有的女人，由于真相不知也难以比对，这话也就姑且一听罢了。

女王的四个子女，除长子查尔斯外，其余三人的日常开支都由女王负担。他们作为王室成员因公活动的花销由政府拨给王室费，但是从1993年以来这笔钱每年都由女王掏腰包还给政府。也是在1993年2月，首相约翰·梅杰在议会宣布，女王和查尔斯王储将从当年4月起以最高税率缴纳自己个人收入的所得税。在这以前，英国君主和王储是不纳税的。在整个1992年里，税务局和王室管理层就这个问题进行了谈判，最后迫于公众压力，王室接受了纳税的要求，开创了英国君主纳税的首例。

查尔斯作为王储，既是威尔士亲王，又兼康沃尔公爵。当初定下兰卡斯特公爵领地归君主所有的时候，把康沃尔公爵领地留归王储所有。不同的是，前者的收益现在交给政府了，而后者的则留在王储手里，目前按每年25%交给政府。以2007年为例，年收益为1600万英镑左右，留在查尔斯手里的就是1200万镑。查尔斯的收入要管他一家的花销，他的儿子们也都不从国家和女王那里拿钱，而由他来提供生活费用。

女王的宫殿

有若干个宫殿、城堡是供女王和王室办公和居住的。它们的所有权属于王权，而不是女王本人。

在这些宫殿城堡中，排名第一位的应当算圣詹姆斯宫。因为原先英国君主是工作和生活在伦敦白厅宫的。1702年，一把大火烧掉了白厅宫，安妮女王搬入圣詹姆斯宫。一直到今天，虽然英国君主已经不住在这里了，但朝廷还是被称为圣詹姆斯朝廷，各国派驻英国的大使，被称为驻圣詹姆斯朝廷大使。内廷官员也在这里办公。这座外形像个城堡的宫殿离白金汉宫很近，走路十来分钟就到了。女王现在在伦敦办公和居住的地方是白金汉宫。这里原先是白金汉公爵的产业，他在1762年将它卖给了乔治三世国王。到了1837年，维多利亚女王继位，她搬进了白金汉宫，以后的历代君主也就都以

伦敦圣詹姆斯宫远不如白金汉宫那样气派。

英宫往事 ——三个女王的个人生活

白金汉宫正面全景

这里为在伦敦的正式住所了。白金汉宫经过一百多年的扩大和装修，现在拥有19个豪华单元、52个皇家和贵宾的卧室、188个工作人员卧室、78个洗澡间和厕所、92个供内廷使用的办公室，有自己的电话交换台和派出所。在地下，它有通道连接伦敦地铁线，还建有可以抗核爆炸的工事。

离开伦敦20分钟汽车车程的温莎堡是女王的"家"。她的王朝就是以温莎命名的。女王每到周末就从白金汉宫回到这里，每年4月在这里住一个星期。从1066年入主英格兰的威廉一世开始，历朝历代君主都来此地居住。温莎堡由一个大公园环绕，公园里有一条路连接着城堡和阿斯考特赛马场。

在王权所有的英格兰宫殿中，女王真正居住的就是白金汉宫和温莎堡。圣詹姆斯宫、汉普顿宫和肯辛顿宫虽然也归女王控制，但她自己并不去住。圣詹姆斯宫已见前述。汉普顿宫主要作为开放景点，现在由皇家历史宫殿公司来管理。肯辛顿宫，18世纪初安妮女王住过，后来维多利亚在未登基前以公主身份一直住在这里，在先王威廉四世死后，她在这里居住和议政三个星期，然后就搬往白金汉宫。此后肯辛顿宫一直由君主的近亲居住。女王妹妹玛格丽特公主、戴安娜王妃等都住在这里。查尔斯一度管肯辛顿宫叫"姨妈堆儿"。

女王另有两个住处，不属于王权所有，而是从过去的君主那里作为私产继承下来的。一个是英格兰诺福克郡的桑德林汉姆的大别墅，另一个是苏格兰巴尔莫勒尔别墅。前者是女王过圣诞节的地方；后者是女王避暑之地。

女王作为苏格兰君主，在爱丁堡的正式住处是贺利路德宫。这处房产归苏格兰首席贵族汉密尔顿公爵所有，女王来苏格兰时使用。

温莎堡全景

此外，女王名义下还有些次要的府邸，就不一一赘述了。

女王身边的工作人员

女王身边究竟有多少工作人员？女王自己雇用了330个全职工作人员，加上250个名誉的或非全职的工作人员。以上数字是不断变化的。由政府提供的军、警、情报、保安、随卫人员还没有计算在内。

为首的是四个人：私人秘书、内库司库、内廷总管和王权副官。下面一层是行政人员、会计、职员等。再下面是由职工头管辖的工人，诸如男女仆人、清洁工、厨工、司机、花匠等等。所有以上这些工作人员名义上都听从内廷大臣的节制。在伊丽莎白二世女王迄今在位的60年中，曾经换过八任内廷大臣。担任过内廷大臣的都是身份显赫的贵族，他们实际上不具体管事，但在圣詹姆斯宫有一套豪华单元以供使用。宫中最有影响的人是女王私人秘书。

女王有14位陪侍贵妇。她们以一位公爵夫人为首，主要任务是在每年议会开幕那一天在上院更衣室陪侍女王。真正在宫中应女王之召的，是另外六位"固定"的贵妇再加几位额外的。这些人不拿工资但是报销费用，每两周换班一次。她们的任务是在非正式场合陪伴女王。她们在白金汉宫有自己的起居室和办公室，帮助女王回复信件。这些贵妇都是来自上层阶级家庭，她们的任务还包括在女王出席的场合跟客人们混到一起说话，以增加气氛。

女王身边有男女仆役及管家共20人。对于男仆的体型有具体条件：要求他们得身高5英尺9英寸、胸围36英寸。其原因在于男仆在正式宴会上穿的制服尺寸固定，价格非常昂贵，已经反复穿了多年，有的还是100年前做的，所以只能让人去将就衣服而不能让衣服去适应人。

有一个资料说，在总数好几百人的女王工作人员中，有三分之一是同性恋者。这跟工作时间长、难以照顾家庭有关。

跟一般英国人一样，宫内工作人员也喜欢酒。过去有一个规矩，凡是在宫中有招待50位客人以上的宴会，参与招待的工作人员每人能得到一小瓶酒作为犒劳。在上世纪90年代，出于节约原因，这份犒劳被取消了。但还是允许他们把已开瓶的剩酒拿回房去喝。宫里有的酒是陈年好酒，宫中跟外交部早有协议，这些酒是从外交部酒窖以折扣价买来的。可想而知，开瓶时不妨多开一点，剩酒自然不会太少。每逢节日，往往喝得烂醉如泥。有两种场合是会让女王一家跟工作人员同欢的：一种是圣诞派对，女王一家在自己的餐厅里吃喝，工作人员及家人、密友在另外的地方吃喝；然后混到一起跳舞。2006年的一次，就有不少人躺倒在屋里、楼梯脚旁和花园长凳上，甚至不止一次地叫救护车。另一种场合是在苏格兰巴尔莫勒尔别墅每年都要举行的"吉利"（苏格兰男仆）舞会。这种让工作人员们快活的派对，从维多利亚女王时代开始就有，一直传到今天。女王每年夏天在这里住两个月。由于工作人员在中间要更换，所以派对要开两次。每次有260个左右的客人赴宴，王室成员在另室吃喝，然后在晚上9点半左右，两股人马混合到一起，舞会就开始了。上至女王和王夫，下至最低级的仆役都穿戴整齐，混在一起跳舞找乐。

女王的宠物

女王爱养狗。她的最爱是柯基犬。这是一种短腿的威尔士小狗。最早是她父亲乔治六世送给她和妹妹每人一只柯基犬，她的那只名叫苏珊。近七十年来，女王的柯基犬一代传一代，全都带有苏珊的血统。苏珊在1959年14岁时死去，女王亲自给它立了一个墓碑，上写"在几乎15年里是女王忠诚的同伴"。

后来女王又让柯基犬和妹妹玛格丽特的德国腊肠犬相配，生出了一种叫多基犬的混血狗。现在相伴在女王身边的有七八只柯基，还有几只多基。在通常情况下，这些狗比较温顺，但是在两种情况下，它们也会显出凶猛劲儿来。一是来了外狗，比如跟安妮公主的狗打起架来；二是当有人惹了它们的时候或是它们发飙的时候，曾经不止一次地咬伤过女王身边的工作人员。女王自己在拉狗架的时候手上曾经受过伤，缝了三针。女王的兽医和心理学专家认为，根本就不能同时在一起养这么多狗，这必然会引起它们兽性勃发，相互撕咬或攻击人类。这种话在女王那里成了耳旁风。

女王心情不好的时候，最可能做的事情就是带上一大批狗在户外长时间地遛走。电影《女王》里描绘的类似情景，是女王生活的真实写照。

除了身边的宠物犬之外，女王还在桑德林汉姆别墅养育了一些可卡和拉布拉多枪猎犬。它们是在打猎时使用的，同时也成批地繁殖并出售。女王的狗在养狗行家协会登记的时候，都有"温莎"作为前缀。至于女王的宠物柯基犬，允许每只母狗生一窝，幼犬不出卖，送给爱狗的人去领养。

王室的狗真正在外面出了问题的是安妮公主的牛头梗犬多蒂。2002年，安妮和丈夫在温莎公园遛狗时，多蒂撒野咬伤了两个骑自行车的小孩。结果安妮被法庭传唤，法官判决罚款500英镑，赔偿伤者250英镑，并要求安妮对多蒂加强培训，如多蒂再犯，就会被处死。安妮在庭上承认有罪，并如数缴纳了罚款并作了赔偿。后来多蒂又在宫里把柯基犬法罗斯咬成重伤后死亡。据说女王和安妮为了免除多蒂被处死的刑罚，说咬死法罗斯的不是多蒂，而是同行的另一只牛头梗犬弗洛伦丝。这个说法不知真

伊丽莎白女王85岁生日时和她的宠物柯基犬在一起

假，但至少说明，女王母女俩对于宠物狗的照护真是无微不至了。

不速之客

在伊丽莎白女王遇到的各种意外里，最让人不可思议的便是不速之客闯入女王卧室了。1982年7月9日，有一个下了班的警察发现有人正在往白金汉宫高大的栅栏上爬，他就给宫警打电话。宫警在院外搜索，而这人在院里找门进去。他找不到能开的门，就爬窗子进了宫。宫里的警铃响了，值班警察骂了一句"倒霉的铃又响了"，没有去管。进去的这个人脱掉鞋袜，往寝宫部分走去，一路上打碎了一个玻璃烟碟。他用碎玻璃划伤了自己的拇指，一路滴着血。女王在7点18分醒来，发现窗帘已被拉开。她看见一个光着脚的年轻人，身穿牛仔裤和T恤，坐在她的床上，右手拇指有血流下来，滴到了床单上。此人一见女王醒了，便向她诉说自己家里的烦事。原来他有老婆、四个小孩、两个继子女，还有父母，家里麻烦事挺多。女王就一面跟他对付，一面摁铃报警。但是摁了两种铃都没人回答。最后抓住这人索要香烟的机会，走到房外才找到人。等到宫警到达，已经是女王第一次摁铃八分钟之后了。后来查明，此人名叫迈克·费根，精神不太正常，他幻想二战时逃到英国的纳粹二号头子赫斯是他父亲，他来找女王是家里事烦而向女王求助的。关于女王是否出来呼救，或是有人进房发现费根和女王谈话而后召警，另有版本，说法不一。然而可以肯定的是，女王处理这一突发事件时的镇定可圈可点，白金汉宫的警卫效率却是令人啼笑不得。

女王的手提包

有两位知名度极高的英国妇女同年出生，又同时以喜欢臂挽一个手提包为标准姿势,她们是谁呢?女王伊丽莎白和前首相玛格丽特·撒切尔。她俩的皮包也属于同一个英国工厂制造,一个叫劳纳的牌子,40年来,它一直供应着女王用的手提包。这么多年,女王已经积攒了近两百个手提包,有的老的到现在还在用。1991年,她还专门用一个下午的时间去参观这个工厂,亲眼看看制造皮包的过程。有不少

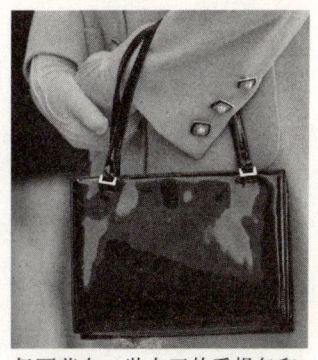

伊丽莎白二世女王的手提包和手套

人对女王的手提包内装些什么东西感到兴趣。据说跟一般妇女的都差不多,只是里面没有钱、卡或者支票簿,因为她用不着,有身边人带着。关于她的皮包有两点值得一提:一点是包里装着一个S形的钩子,每当女王坐在桌旁喝茶吃饭的时候,她就会拿出钩子来,一头钩住桌子边,另一头钩住手提包的提把,这样包就会悬空在桌子边,既不碍事,又很方便,似乎可以效仿。另一点是女王的手提包能起无声的号令作用:当宴会进行当中女王把包放到桌上时,说明宴会大概还有五分钟就要结束;当她站着跟人谈话将包放在某个角度时,表示女王要往前走了,身边人就会接过她的话茬,不致在她前行时冷落了谈话对方;如果在宴席上女王将包放在地上,说明她觉得邻座的人谈话没劲,身边人会来设法补救;如果女王一直是把包挎在弯着的左臂上,右手捏着手套,那就说明女王高兴,一切顺利。

女王的健康

女王的健康状况当然是保密的。根据现在透露出来的情况,女王的两膝曾经动过手术,她还患有坐骨神经痛。女王是替代疗法的实行者。所谓替代疗法,可以指正规西医以外的种种医疗办法,包括草药、按摩、针灸等。世界上各大洲、各民族都有自己治病的土

办法，伊丽莎白女王具体信服的是哪一种，不得而知。某次，她的宠物狗受了伤，她用自己配制的膏药涂在狗的伤口上，进行了包扎。女王说："我想用在我身上管事，用在它身上也会管事的。"果然，没过几天伤口就愈合了。温莎王朝的女性，寿命都比较长：女王的曾祖母亚历山德拉王后活了81岁，祖母玛丽太后活了86岁，母亲"女王妈"伊丽莎白活了101岁，在96岁时还换了两个股骨头。女王自己不抽烟，有节制地喝酒，情绪比较平和，看事情比较实际，今年86岁，还是那么精力旺盛，想必享寿短不了。

女王信鬼

女王是个虔诚的基督徒，她笃信上帝，也相信有鬼。她坚定地认为，在她各地的宫殿里都有鬼。比如说伊丽莎白一世的鬼就在温莎堡，女王说她小时候跟妹妹玛格丽特一起见到过。伊丽莎白一世时代一些在温莎屈死的人的鬼，也在城堡里。莎士比亚的剧作《温莎的风流娘儿们》当年就是在温莎堡首演的。剧中有一个猎人，是温莎一个传说中的鬼。据说此人因为发疯而吊死在温莎森林中的一株橡树上。这棵树几经损毁，乔治三世、维多利亚和爱德华七世都让在原处补种过，现在还立在温莎的高尔夫球场上。

查尔斯王储据说也遇到过鬼。一次他和仆从进入桑德林汉姆别墅的的一个房间，忽然感到背后刮来一股冷风，他们深信背后有人，但是回头一看什么也没有，两人吓了一跳。后来查尔斯一直在说这段遭遇。

女王的吃喝

现在女王年纪大了，吃喝当然跟年轻时有点不一样，但喝茶始终是她的最爱。每天早晨还没起床，送进来的就是热茶和报纸。她不再吃有火腿、香肠、煎蛋、蘑菇、番茄加黄豆的全套"英式"早餐，而代之以果酱抹烤面包片和茶。白天她大量喝英国老名牌马尔文矿泉水，外出时必定带上几大瓶。在一般情况下，午餐只吃一点鱼肉或鸡肉加一点蔬菜。17点开始的下午茶，是全家都参加的大聚会，食品中包括去了边的小个儿三明治。三明治呈圆形，不能带尖角，因为传统认为，任何给王家吃带尖角的食品的人，都是想要推翻王朝的。女王晚餐经常是白煮三文鱼、羊排、烤牛肉、陈皮鸭等。她最喜欢的是传统的英式炸鱼、细薯条。女王爱吃甜的，巧克力慕斯、柠檬蛋挞、薄荷巧克力冰淇淋都行。晚餐时，女王会喝一点葡萄酒。王夫菲利普跟女王不一样，他不喝茶而喝黑咖啡，喝啤酒不喝葡萄酒。女王不吃的东西有：蒜、洋葱、番茄沙司、贝壳类、咖喱，以及黏糊糊带汁的食品如意大利通心粉之类。为了不让它们粘在牙上，番茄和黄瓜的籽都要预先剔掉。出于同样的原因，黑莓和红莓也是不吃的。女王不希望吃预先调味的食物，而愿意自己来撒盐或倒酱油，即便上宴席也是如此。据英国资料，女王1986年来中国访问时吃过海参，她说好吃，像虾米。不过对于鱼翅，她的评价是没多大味道。以上种种禁忌和要求不算太刁，但也不大好伺候。

查尔斯王储吃起东西来排场就要比他母亲大了。他去皇家芭蕾剧院看戏，必定是先把全套餐具和食物运到跟皇家包厢相邻的小餐厅里，然后在戏开场前先吃一点。中间休息时接着吃饭，有时到了点还没吃完就让下半场拉幕再等等。不论查尔斯在国内哪个地方，他吃的东西必须是由他的海格洛夫农场自己生产、专门运去的，别人的食物他是不吃的。他吃早餐要用六种蜂蜜。

他妹妹长公主安妮吃东西比他简单得多，不过有点怪。比如说她在旅行途中总是大量喝可口可乐，说是可以杀菌。香蕉不搁到表皮发黑她是不吃的。

第六章 温莎王朝的前景

谁来接女王的班

　　这个问题看来多余，谁不知道查尔斯是王储威尔士亲王，第一顺序接班人！但事情没有这么简单。首先，女王在有生之年，几乎不会因为年老体衰而把王位禅让出去，这是因为女王在1953年加冕时宣过誓，对于"承诺过的东西，我将照办，不食言。愿上帝助我"。所谓承诺过的东西就是指做女王应有的担当。诚信上帝的女王认为，她的宣誓上帝是听到了的，既然对上帝有了承诺，她做女王就要一直做到死。另外，她亲身经历了伯父爱德华八世不负责任地放任自己而造成退位，使得她体衰的父亲乔治六世不得不带着残疾做了国王，最后英年早逝。这就更加坚定了她女王要做到底的信念。

　　其次，据说女王健康状况良好，上辈有着长寿基因，谁也说不好她还得在多久之后才去见上帝。查尔斯现年64岁，他准能熬得过母亲吗？也是谁都说不好。英国国内和国外，对于查尔斯接班，很有些人不看好。除了女王本来就不打算提前退位外，查尔斯本人的优缺点也可能是考虑的因素之一。查尔斯是一个智力上还算聪明的人。他在剑桥大学获得人类学、考古学和历史学的学士学位，在超、优、中、可、劣五等制评定中得了个中。他后来在动植物养殖和经营中显出了才能，事业蒸蒸日上。他对于转基因食品的坚决反对和对有机农产品的热衷，反映出他在重大科技问题上的远见卓识。他由于与戴安娜和卡米拉的纠结关系而引起的巨大而迁延的风波，也因跟卡米拉正式结婚而逐渐平息。然而尽管女王时常让他参与国务活动，但他在处理问题上远没有他母亲那样稳健老到，而反倒像他父亲那样说起话来没大遮拦。要真让他把舵将王朝王室这条船平安驶过湍流急、险滩多的现实世界，还真没有太大把握。

再次，除了查尔斯，也没有现成的别人可以托付。有好多传言说女王很可能会越过查尔斯的顶把王位传给长孙威廉王子。这个可能性不大，没有充分的理由来支持不让查尔斯接班而必须要越顶传位的做法。没有事实可以证明威廉一定比他父亲强。而且，英国的王位继承从来不是根据合适不合适，而是根据性别和出生先后来排序的。

最后，我们不能说女王对于半途逊位的可能性就完全没有考虑过。1999年，王夫菲利普在接受一份杂志的访谈时说："最好在人家还没说你走不动路之前退休。"访问者表示这恐怕不适用于他。他反诘为什么？对方说因为女王是不会去逊位的。菲利普再次反问："谁说的？"王夫的这次谈话并未完全排除逊位也可能是女王

伊丽莎白二世女王近照

的一个选项。但是十多年又过去了，我们还看不到有什么动静。

从立国的理论上讲，英国人是支持君权神授的说法的。一个王朝之所以能存在，是因为有前朝王室的血缘。本国的继承人死绝了，就到外国去找一个有本国王族血缘的人来继承，而不论来的是个什么样的人。斯图亚特王朝（包括詹姆斯一世跟威廉和玛丽）和汉诺威王朝都是这么来的。从1066年诺曼征服以来，所有的王朝总在这里那里跟前面的王朝沾上一点血缘关系。亨利七世本来跟兰卡斯特家沾上一点边，取得王位后马上跟约克家亨利四世的女儿、理查三世的侄女伊丽莎白结了婚，让都铎王朝王气十足。对比中国历史，虽然皇帝也叫天子，好像君权神授，实际上是可以一授再授的。刘邦、李渊、赵匡胤、朱元璋都没有王族血统。在中国，是成者王侯败者寇；有本事，皇帝谁都可以做，而且皇位也不是必然的长子继承，皇帝可以自由地指定某个儿子来做接班人，只不过"夺嫡"容易惹麻烦而已。

综合以上，我们可以说，伊丽莎白二世女王传位于谁，不是一个紧迫的问题。如果我们仔细想一下，另一个有连带关系的问题也许更为重要，这便是：温莎王朝是否能够继续生存下去？在谈这个问题之前，我们先来看一看世界上各君主制国家的情况是怎样的。

高科技时代的君主制

在今天，英国的温莎王朝并不是硕果仅存的一个，而是世界上众多王朝中的一个。按说君主制要比总统制落后，但是近来在西亚、北非，总统和准总统们一个个倒台，而国王们个个没事，还对总统们下台起点推动作用。可见有些事情，不能单纯看表面，里面的复杂情况很可能高深莫测哩。

现今的各国君主，还可分为专制君主和立宪君主。英国女王属于立宪君主。在立宪君主里，英国的君主在平民化上也许要比欧洲西侧大陆的同道们差一点。这很可能是由于人家那里的老百姓希望君主更平民化一点,而英国人说不定希望君主保持一定程度的特殊化和神秘化。要知道,英国温莎王朝的君主不但是联合王国的君主,而且还是世界上其他15国的元首,这些国家包括发达的加拿大、澳大利亚和新西兰。在英国做女王是靠血统遗传,在各国做元首是人家邀请。不管怎么说,要是特殊化、神秘化完全没有了,神授的庄严性也就消失了,王朝存在的向心性也就弱了。曾经有人分析过为什么在以反君权讲共和立国的美国,人们对于英国的王朝王室表现出这么大的兴趣,回答是,人们儿时读到和听到的童话故事里的人物场景在美国无法找到,而在英国则可以得到心理上的满足。2011年威廉王子大婚在全球引起了巨大反响,是否正是这种心理状态的体现?君权神授,千年一脉,这种在科学上无法讲得通的概念,在科技高度发达的21世纪,英国仍然在践行着。

温莎王朝的前景

温莎王朝现在直系顺序继承人充足,王朝本身不愁后继无人。关键在于君主制在英国的寿命还有多长。要谈这个题目,首先需要探讨几个问题:1.在欧洲的大国中,唯有英国的王朝在从18世纪末到20世纪初欧洲地图改写和各国国内政权更迭的革命浪潮中保存了下来,这是为什么?2.君主制在今日的英国扎根有多深,影响有多广?老百姓是赞成保留君主制的多还是赞成取消的多?3.王朝的存在对英国是好处多还是坏处多?4.个别王室成员的表现对于王朝以至于君主制本身的存亡是否具有决定性?5.温莎王朝如何与时俱进?以上五个问题,每个都值得写出一本本的书和作出一篇篇博士论文。作者在这里只好笼统地说上几句不成熟的看法。

事情要从头说起。1215年英国有了《大宪章》,开始了从专制君主制到立宪君主制的漫长过渡。17世纪里,英国完成了两件大事：英国内战和"光荣革命"。前者推翻了王朝，建立了共和，又迎来了君主制复辟，后者让英国体验到了大量动用武力但少流血而完成政权过渡的滋味。后来欧洲大陆18、19世纪乃至20世纪做的事情，英国在17世纪早已做完而且取得了经验和教训，使得在英国的王朝手中，生活上有特权，实际政治中基本无权。简单说来，欧洲大陆的哈布斯堡们、霍亨索伦们、波旁们、奥尔良们、波拿巴们、罗曼诺夫们等，都倒霉在手中有权，所以在18世纪末的法国革命、1848年的欧洲革命和一战结束前后的俄国、德国、奥地利革命中被推翻，而英国的汉诺威们和后来的温莎们得益于手中无权，到现在还依然无恙。

英国君主制的组成红花绿叶齐全，包括王室、贵族和准贵族三个方面。王室有女王、王夫、王储威尔士亲王、各王子、公主、郡主、小姐等。贵族有公、侯、伯、子、男爵；男爵有时被称为勋爵。女性也可有女伯爵、女男爵。贵族头衔可以兼授给王室成员，如某王子为某公爵兼某侯爵及某男爵。准贵族是那些获得过高级勋章的人，被称为爵士、贵妇，这些人不算贵族，不能成为上院议员，是平民。介于贵族和准贵族之间的有一种从男爵，他们也是平民，不进上院，但可继承，现在不再封了。贵族分继承贵族和非继承贵族。前者可以父传子、子传孙，现在原有的可以继续做着，但基本上不封新的了；而非继承贵族就是新封的，一代有效。例如工党的大腕曼德尔森就被加了男爵衔。非继承贵族和准贵族一起，保证了君主制的重要组成部分代代更新，扩大了基础。英国的君主兼任英国国教的教首。从理论上讲，英国可能还得算是一个政教合一的国家。君主和王室成员必定得是英国国教信众。一些重要的主教属于教会贵族。虽然实际上宗教成分在不断淡化，但教会和政治的结合仍然不可忽视。由上可见，以王室为核心的君主制已经深深地织入英国社会这块布里，君主的去留将会牵一发而动全身，会颠覆整个社会的基础结构和涉及许许多多人的现实利益。渐进包容的思想方法已经是英国人的共识，国家政制的平稳是他们得意的事情，不会随便激烈突变，而只会摸着石头缓步探行。

　　王室的存在是否给英国社会形成了负担？仔细想来，不是很大。英国是最早强调财产权的国家。王室的收入不是来源于交公的王权资产所得，就是来源于自己名下的资产所得，实际上没有花纳税人很多钱。原来王室有游船，后来老旧了，维修、保养和行驶费用也很可观，于是让它停在爱丁堡城外海边，搞成了一个景点，每年参观的游人不少。它退役后，没有再补充新的游船。原来皇家空军有一个飞行中队供王室旅行之用，现在撤销了。可以想见，由政府提供给王室的服务将会继续减少。反过来，王室的存在会给国家带来政治上和经济上的好处。有这么多国家请英国女王做国家元首，王朝风光又是英国旅游业的重头戏。人们去德、法、意、奥这些历史上的君主制大国所看到的是过去王朝引人入胜的遗迹，而在英国看到的则是生活在传统建筑里的鲜活的君主、王族和贵族。白厅大街上马队站岗处，有两个骑着高头大马、身穿红色上衣的传统军装、头戴盔帽、手举马刀的马队战士，整日都会有观光者争着跟他们拍照。白金汉宫门前中午的卫兵换岗仪式，更是到伦敦观光的人必看的项目。2011年夏秋，白金汉宫的参观者人头攒动，最抢眼的展品就是威廉王子大婚时新娘凯特的婚纱。英国要在伦敦奥运会举行前的2012年6月举行女王伊丽莎白二世登基60周年钻石禧年庆典，估计又会成为一次旅游高峰。

　　因王室成员个人形象而影响王室整体的高潮是在20世纪90年代。那时女王有三个子女的婚姻变故造成了一系列的丑闻，其中以1997年戴安娜之死为巅峰。在以后的十几年里，这种负面的影响逐渐减弱。很重要的原因是王室吸取了重大教训，注意收敛和自制了。在当前的经济紧缩时期，民众的情绪很不稳定，正是容易引起人们不满的时候，估计王族会进一步放低身段，减少开支，多正面出镜，少惹是生非，尽量不去做会让民众反感的事。即便有哪个成员再出点丑闻，估计也不致影响大局。

　　英国国内不断有人发出主张国家走共和道路的声音，然而始终没有成为主流。其原因有可能是改变的成本太高,而其必要性缺失。女王陛下政府的权柄,牢牢地掌握在控制着议会多数的责任内阁手里。女王在国家政治上越没有权,她和实际统治者及人民的利益冲突就越小,王朝以及君主制本身继续存在的前景就越好。

　　王室对于自己面临的处境并不糊涂。王夫菲利普早就说过:"要是人们认为没有必要再有(君主)了,那就让我们友善地结束而不要为此而争吵。"如果我们来扼要总结伊丽莎白二世女王登基60年来所做的事情,除了完成国家交给她的任务之外,最重要的就是她做好了一个善于平衡各方以保存自己及全家的"维持会长"。

后 记

　　本书从做研究、写作到出版，一共用了大概三年多时间。在这中间我到英国去过几次。写书的主要基础资料是我在英国搜罗到的几十本书。互联网上的资料也帮了不少忙。每次去英国的时候，必到英国图书馆和一些地区图书馆，从那里查到了一些资料。书中的图片绝大部分是引用的，少数是我自己拍摄的。如果书中的文字和图片真的能够带有一点英国的生活气息，那就太好了。

　　我要感谢我的老朋友孟庆龙研究员，他是我写作出版这本书的主要顾问。我要感谢我的家庭成员和好友们对于我从事这个项目的关怀、鼓励和坚定支持。我要特别感谢世界史和英国史专家、老友郭方教授应我之请抽空阅看书稿，指点、纠误。书中仍有的谬误之处，当然都是我自己造成的，希望读者不吝批评指教。

作者
2012年4月